LA
RÉFORME ORTHOGRAPHIQUE

ET

L'ACADÉMIE FRANÇAISE

DEUXIÈME ÉDITION

revue et augmentée d'un Appendice

PARIS

LIBRAIRIE CH. DELAGRAVE

15, RUE SOUFFLOT, 15

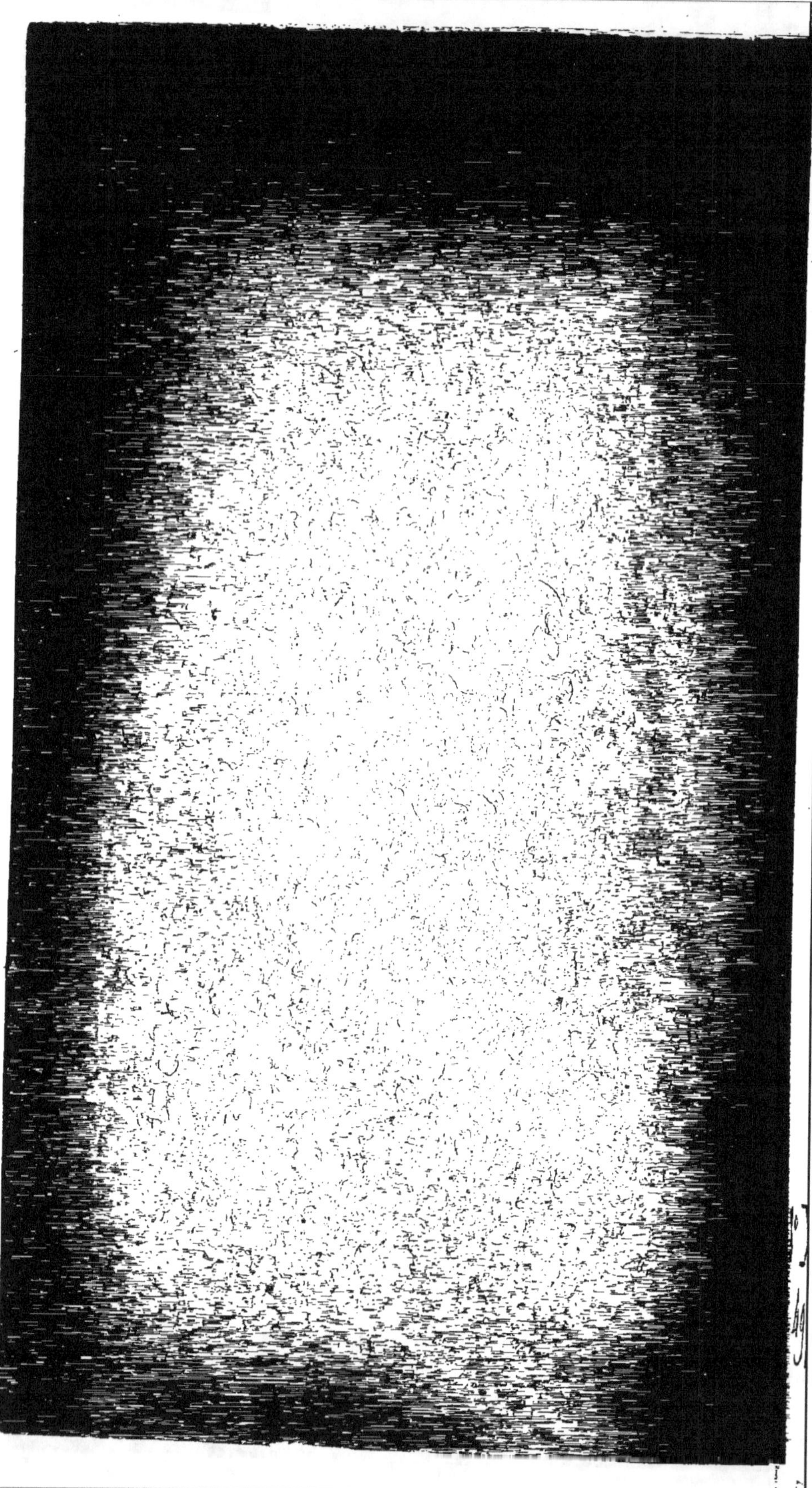

LA

RÉFORME ORTHOGRAPHIQUE

ET

L'ACADÉMIE FRANÇAISE

CH. LEBAIGUE

LA
RÉFORME ORTHOGRAPHIQUE

ET

L'ACADÉMIE FRANÇAISE

DEUXIÈME ÉDITION
Revue et augmentée d'un Appendice.

PARIS
LIBRAIRIE CH. DELAGRAVE
15, RUE SOUFFLOT, 15

1890

En rééditant cet opuscule, je ne dirai pas, suivant la formule ordinaire des préfaces, que je réponds aux sollicitations et à l'impatience du public : le public réserve son impatience et ses sollicitations pour les écrits d'une tout autre valeur. Mais il faut bien reconnaître que la question de réforme orthographique gagne chaque jour en actualité et en importance. Elle a soulevé dans la presse de tout ordre les controverses les plus vives et a fini par s'imposer à l'attention des savants. Deux éminents linguistes, deux professeurs du Collège de France, sont intervenus dans le débat et en ont ravivé l'intérêt par leur intervention même, mais surtout par la divergence de leurs opinions. Il m'a donc semblé qu'il était à propos de reproduire les pièces du procès soulevé il y a deux ans par Darmesteter, et en même temps d'examiner les faits et les raisons que MM. Bréal et Havet apportent à l'appui de leur sentiment respectif. Cet examen, qui fait l'objet d'un appendice, n'a modifié en rien mes conclusions premières. S'éloigner résolument du radicalisme de l'un, se rapprocher le plus possible, mais sans y adhérer pleinement, du conservatisme de l'autre, voilà, à mon humble avis, la vraie solution, celle à laquelle il faut souhaiter que l'Académie française donne son assentiment.

C. L.

Les modifications orthographiques étant inévitables,
il importe qu'elles se fassent avec système et jugement. Or, le jugement veut que l'orthographe aille en
se simplifiant, et le système doit être de combiner les
simplifications de manière qu'elles soient graduelles et
qu'elles s'accommodent le mieux possible avec la tradition et l'étymologie.

(Littré, *Histoire de la langue française*, iii.)

* *

C'est à l'Académie française, à cause même de sa
légitime influence sur la langue, qu'il convient d'examiner, en vue de la nouvelle édition qu'elle prépare,
les modifications à introduire dans l'orthographe, pour
satisfaire, dans une juste mesure, et conformément à
ses propres précédents, aux vœux les plus généralement
manifestés...

Les améliorations introduites dans la dernière édition
du Dictionnaire (1835) n'eurent plus un seul contra-
dicteur, du moment qu'elles y furent admises. Il en
sera de même de toutes celles que l'Académie croira
devoir approuver.

(A.-F. Didot, *Observations sur l'orthographe
française*, Introduction.)

*

Les gens sages, en présence des projets de réforme,
ont dû secouer la tête... Mais, puisque l'opinion publique est saisie, le mieux est encore d'examiner les
choses posément. Tout n'est pas à rejeter parmi les
demandes des réformateurs : certaines réclamations
sont légitimes. On ferait croire qu'elles le sont toutes,
en ayant l'air de ne pas entendre.

(Bréal, *La réforme de l'orthographe
française.*)

LA RÉFORME ORTHOGRAPHIQUE

ET

L'ACADÉMIE FRANÇAISE

I

ÉTAT DE LA QUESTION

Histoire de l'orthographe en France. — Principes d'une réforme orthographique.

La question de la réforme orthographique a pris naissance il y a plus de trois siècles. Vingt fois enterrée, ressuscitée vingt fois, elle vient de reparaître plus vivante que jamais. C'est qu'en effet, indépendamment de son importance propre et du progrès réel qu'elle poursuit en elle-même, elle peut invoquer aujourd'hui des motifs dont on ne saurait méconnaître la légitimité et l'urgence. Ramener l'orthographe à des règles plus simples, plus fixes et plus logiques, ce serait en abréger l'apprentissage et en faciliter l'application. Or il y aurait là un avantage précieux pour nos écoliers, dont on économiserait ainsi le temps et les efforts au profit d'un programme d'études qui va s'élargissant tous les jours. D'autre part, si l'on songe aux rivalités et aux obstacles que rencontre à l'heure actuelle notre œuvre de colonisation, serait-il sage de négliger un moyen qui peut aider à la propagation de notre langue, et par suite au triomphe de notre influence, de nos idées, à la satisfaction de nos besoins[1]?

Ces considérations ont frappé d'excellents esprits. La campagne ouverte contre les vices de notre écriture n'est plus menée, comme il y a cinquante ans, par quelques publicistes obscurs en quête de popularité : ce sont des littérateurs compétents et des linguistes autorisés qui demandent à l'Académie la révision du vocabulaire, non pas seulement au nom de la science, mais au nom d'un intérêt vraiment national.

On le sait d'ailleurs, le mouvement est général. L'Espagne a pris les devants, et dans ces derniers temps, partout, en Allemagne, en Angleterre et en Amérique, en Hollande, dans les pays scandinaves et dans une partie des régions slaves, on a vu se produire d'abord des tentatives individuelles, puis des efforts collectifs, pour arriver à la simplification de la langue écrite. En France, il s'est fondé il y a deux ans une *Société de réforme orthographique*, que des membres distingués de l'enseignement supérieur ont encouragée de leur approbation. De son côté, la presse périodique a saisi l'opinion publique de la question et l'a mise en quelque sorte à l'ordre du jour.

Le plus récent manifeste en faveur de la réforme orthographique est un article du regretté Arsène Darmesteter, publié par la *Revue pédagogique* au mois de juin 1888. Au fond, les raisons qu'il apporte et les solutions qu'il propose ne sont pas nouvelles : on les trouve disséminées

---

[1] C'est le but que poursuit, avec autant d'activité que d'intelligence, l'Association nationale fondée en 1883, sous le nom d'*Alliance française*. Elle a compris combien il est important « de rendre notre langue plus rapidement assimilable pour nos concitoyens flamands, bretons ou basques, pour nos sujets ou protégés des pays musulmans, enfin pour tant d'étrangers, clients ou amis soit de l'État français, soit du génie français. »

çà et là dans tous les livres relatifs à la néographie ; mais, outre l'autorité qu'elles prennent sous sa plume, elles constituent un travail d'ensemble et par suite un travail personnel qui, suivant le mot de M. Bréal, doit désormais servir de base à toute discussion.

C'est ce travail que nous nous proposons d'examiner, tout en nous réservant d'aborder certains côtés de la question que le savant professeur n'a pas touchés, et de produire dans le débat des opinions et des témoignages dont lui-même se serait plu à reconnaître la compétence. Nous avons en vue principalement les publications de Didot, Jullien et Littré, toujours précieuses à consulter dans une matière si ardue et si complexe.

Darmesteter fait d'abord l'historique de l'orthographe en France, historique entremêlé d'appréciations sur lesquelles nous aurons à faire plus d'une réserve.

Après avoir constaté le désaccord qui exista de tout temps, même à l'origine de la langue, entre la parole et l'écriture, il en rappelle les principales causes.

Bien que formé du latin populaire, le français du huitième et du neuvième siècle avait des sons et des articulations inconnus à la langue mère ; mais ces sons et ces articulations n'étaient pas représentés dans l'écriture par des signes particuliers ; nos pères avaient adopté l'alphabet latin, qui n'était qu'à moitié fait pour leur idiome. Il en résulta que, parmi les lettres de cet alphabet, les unes furent conservées quoique inutiles, les autres eurent un double et même un triple emploi, suivant qu'elles gardaient leur valeur originelle ou qu'elles prenaient une valeur de convention ; sans compter les lettres muettes qui surchargeaient les lettres significatives. Tout cela ne s'accordait guère avec le principe que devaient formuler plus tard les logiciens de Port-Royal, à savoir que tout signe écrit doit marquer un son et un seul son, et qu'un même son ne doit pas être marqué par différents signes. Nous sommes loin de compte, dit Darmesteter, après avoir dressé la liste de toutes nos imperfections alphabétiques[1]. Cela est vrai; mais où trouvera-t-on l'alphabet rêvé par Arnauld et Lancelot? Les idiomes qui se flattent d'être le plus rapprochés de cet idéal, l'espagnol, l'italien et l'allemand, en sont encore bien loin[2]. Nous ne parlons pas de l'anglais, où le divorce est à peu près complet entre la parole et l'écriture.

Toutefois, continue Darmesteter, malgré ses défectuosités et ses superfétations, cet alphabet reproduisait assez fidèlement la prononciation nouvelle, et, prise dans son ensemble, l'orthographe du onzième siècle est presque un modèle de simplicité. Mais, ajoute-t-il, cet état de perfection relative ne pouvait pas durer. Dès le milieu du douzième siècle, avec les progrès de la littérature, il commença à se former une tradition orthographique qui arrêta les sons dans leur forme écrite et les empêcha de suivre les mouvements d'une prononciation mobile et changeante; et il cite maint exemple des modifications

---

[1] Cette liste se trouve partout, et d'ailleurs il n'est personne qui ne puisse la dresser lui-même : nous ne la reproduisons donc pas ici.

[2] En allemand, les voyelles *e*, *i*, *ä* ont chacune deux ou plusieurs sons ; — le *g* est tantôt guttural, tantôt chuintant ; — le digramme *ch* figure deux articulations, sinon trois ; — *v* se prononce le plus souvent comme *f*; — *y* voyelle fait double emploi avec *i* ; — *q* n'a de valeur que suivi de *u* ; — l'*h* est quelquefois muette.

En italien, les mêmes signes *a*, *e*, *o*, marquent des sons tantôt ouverts, tantôt fermés ; — parmi les biconsonnes, *gl* représente deux prononciations bien différentes ; — *ch*, de même que *gh*, répond à une seule articulation ; — *c* ne se prononce pas devant *a*, *o*, *u*, comme devant *e*, *i*. — Enfin il y a, comme en français et comme en allemand, des lettres muettes et des consonnes redoublées pour l'œil plutôt que pour l'oreille.

En espagnol, *u (ou)* est muet dans les syllabes *que, gui, que, qui* ; — *y* est tantôt voyelle, tantôt consonne ; — *h* est souvent muette ; — *c* a le son dur devant *a*, *o*, *u*, et le son sifflant devant *e*, *i* ; — *g* a également le son dur devant *a*, *o*, *u*, et le son chuintant devant *e*, *i* ; — *r* s'articule différemment suivant sa place dans le mot ; — le signe binaire *ch* n'exprime qu'une articulation simple ; — *ll* a tantôt le son mouillé, tantôt le son simple de *l*. — La réduplication des consonnes est quelquefois arbitraire.

Voilà de quoi nous consoler tant soit peu des lacunes et des superfluités de notre alphabet.

qui se produisirent alors, notamment en ce qui concerne la contraction de certaines diphtongues et l'introduction des voyelles nasales...

Une autre cause de trouble, beaucoup plus puissante encore, paraît à la fin du treizième siècle, et vient créer un abîme qui les sépare désormais l'une de l'autre. Je veux parler de la formation savante, de ces emprunts faits directement par les clercs au latin classique ou au bas-latin. La formation savante avait commencé aux origines de la langue et s'était développée sans interruption jusqu'au quatorzième siècle. Mais les écrivains du moyen âge, en s'appropriant des mots latins, les avaient généralement soumis aux lois de la prononciation et de la graphie vulgaires. En en faisant des mots français, ils leur donnaient l'allure française[1]...

Au quatorzième siècle, l'influence savante prend une prépondérance singulière ; la langue est inondée de termes latins ou grécolatins, et le pédantisme s'étale jusque dans la façon d'écrire les mots. On veut faire parade de connaissances étymologiques, et les mots de la langue populaire, tout comme les mots de formation savante, subissent les atteintes de cette fièvre... Des groupes de consonnes viennent de toutes parts s'abattre sur l'orthographe... On ne se pique pas d'ailleurs de conséquence. La corruption étymologique atteint certains mots, en laisse d'autres intacts[2]... A quoi bon énumérer les erreurs tant de fois rappelées ?...

Ainsi se fonda cette graphie — tout à fait indépendante de la prononciation et de la grammaire, ne l'oublions pas — qui hérissa les pages de nombreux écrivains des quinzième et seizième siècles. Les mots se chargèrent de lettres inutiles, les unes qui représentaient des sons autrefois prononcés, maintenant évanouis ; les autres, beaucoup plus nombreuses, que les lettrés avaient introduites pour rappeler des étymologies plus ou moins sûres. Certains imprimeurs se font un plaisir de rendre les textes illisibles. D'ailleurs, nulle règle constante ; la graphie varie de ligne à ligne, au caprice de l'auteur ou du compositeur.

Nous avons reproduit textuellement ce réquisitoire qui vise plus particulièrement les réformateurs du quin-

---

[1] Pas toujours. Ainsi, *apert*, *cogitation*, dès le onzième siècle, passaient directement du latin au français sans suivre la filière, qui aurait donné *avert*, *cuidaison*. Voy. Littré, *Hist. de la langue française*, 1, 9.

[2] Ici, comme dans la suite de cette citation, nous laissons de côté les exemples donnés par Darmesteter, parce que nous devons y revenir dans le courant de notre étude.

zième et du seizième siècle ; mais nous sommes loin de nous y associer. Que la rénovation graphique accomplie à cette époque ait dépassé la mesure, qu'elle soit souvent tombée dans l'abus et dans l'erreur, cela n'est pas douteux. Mais qu'elle ait été inspirée par l'esprit de pédantisme, c'est ce que nous ne saurions admettre. Il est difficile de croire que les savants et les lettrés de la Renaissance se soient faits de gaîté de cœur les promoteurs ou les complices d'une révolution qui eût été aussi puérile. Ils avaient un mobile plus sérieux et des visées plus hautes. En rattachant les mots à leurs racines par un lien visible, ils se proposaient de leur donner un sens plus fixe, plus exact, et par conséquent plus littéraire. En même temps, ils travaillaient à assurer l'unité de la langue, encore retardée par le conflit des dialectes provinciaux, et d'en maintenir la pureté, que l'invasion du jargon italianisé menaçait de corrompre. Ce but élevé, ils ont su l'atteindre. Assurément c'était là une complication apportée à la langue écrite ; mais elle était inévitable. Comme Darmesteter lui-même le donnait à entendre tout à l'heure, l'introduction d'une graphie plus savante est une conséquence du progrès en littérature. D'ailleurs, la langue d'un peuple a, comme sa vie politique, des transformations fatales. La nôtre n'était pas plus liée aux lois premières de son écriture qu'elle ne l'était aux anciennes règles de sa syntaxe ; en se dégageant des unes comme en s'affranchissant des autres, elle accomplissait une évolution nécessaire à son développement et à sa constitution définitive. En d'autres termes, comme l'a dit Sainte-Beuve, l'œuvre de la Renaissance, complétant celle des siècles précédents, était légitime à son moment : elle formait un des âges, une des saisons de la langue [1].

---

[1] C'est ce que dit Littré d'une façon plus générale : « La condition nécessaire

Mais il y a plus : cette révolution dans l'écriture n'était pas seulement légitime, elle était commandée par la force des choses. Pour continuer la tradition graphique du dixième et du onzième siècle, il eût fallu reprendre leur phonétique ; or une partie des signes de l'alphabet avaient cessé depuis longtemps de représenter leurs sons primitifs ; pour nous borner aux exemples que cite Darmesteter, *c*, *ch*, *j*, avaient perdu leur valeur dentale de *ts*, *tch*, *dj*. En outre, le sentiment de l'accentuation latine avait disparu à la fin du onzième siècle, et, par suite, les lois fondamentales qui avaient présidé à l'établissement de l'ancien vocabulaire[1]. Ce vocabulaire était sorti du latin qui se parlait dans les Gaules ; c'est aussi du latin que devaient sortir désormais les mots nouveaux créés pour répondre au progrès des idées ; mais la langue mère qui leur donnait naissance n'étant plus comprise que par les yeux et pas du tout par l'oreille, ce n'était plus la prononciation, c'était l'écriture latine qui pouvait décider de leur forme. Ce travail de formation savante, réfléchie, artificielle, succédant à la création populaire, instinctive et spontanée, produisit une nouvelle couche de mots qui se superposa peu à peu sur le vieux fonds français, et créa en quelque sorte une seconde langue, provenant de la même origine, mais se développant suivant une loi toute différente.

Ainsi s'expliquent dans le vocabulaire actuel les variétés sensibles d'écriture et de prononciation entre les dérivés d'un même radical : *écrire*, *décrire*, et *scribe*, *description ;* *coulpe*, *coupable*, et *inculper*, *disculper ; or* et *aurifère*, *oreille* et *auriculaire*, etc. Ainsi s'explique également la coexistence des doublets, c'est-à-dire des mots à dériva-

---

des sociétés humaines et de tout ce qui leur appartient est de passer par des successions et des rénovations continuelles. Les langues n'échappent pas à cette nécessité. »

[1] Voy. G. Pâris, *Du rôle de l'accent latin dans la langue française.*

tion divergente issus à des âges différents du même mot latin : *dîme* et *décime*, de *decima ;* *chétif* et *captif*, de *captivus ;* *champ* et *camp*, de *campus ;* *métier* et *ministère*, de *ministerium ;* *sourdre* et *surgir*, de *surgere ;* *compter* et *computer*, de *computare*, etc.

On a coutume d'appeler étymologique l'orthographe qui a prévalu postérieurement au moyen âge ; mais on voit qu'en réalité les mots populaires reposent sur l'étymologie tout aussi bien que les mots savants : ce qui les distingue, c'est le procédé de transformation ou de dérivation.

Le grand tort des réformateurs des quinzième et seizième siècles, c'est d'avoir appliqué leur méthode d'écriture à une partie de l'ancien vocabulaire et de l'avoir altéré en voulant le renouveler. Une réaction était à prévoir.

L'orthographe de la Renaissance, codifiée en 1540 dans le Trésor de Robert Estienne, ne fut pas acceptée sans conteste par tous les écrivains contemporains. On le sait, Ronsard, Pasquier, Amyot, tenaient dans une certaine mesure pour l'ancienne manière d'écrire ; et leurs résistances (d'ailleurs modérées, à en juger par le texte de leurs œuvres) auraient sans doute abouti à une transaction satisfaisante entre les deux systèmes d'écriture, si l'apparition d'une école foncièrement révolutionnaire n'avait tout remis en question. Nous voulons parler de l'école dite *phonétique* ou *phonographique*, dont le premier et le plus fameux représentant fut Meigret, suivi bientôt par Péletier, qui essaya de corriger les vices de son système, et par Ramus, qui les aggrava par des innovations alphabétiques. En somme, que demandaient-ils, maître et disciples ? Meigret le dit sans ambages ou plutôt il l'écrit sous une forme topique et parfaitement congruente à ses idées : « fère qadrer lé letres et l'ecriture ao voes e a la prononciacion, sans avoir egart ao loes sofistiques de derivezons et diferences ». En d'autres termes et en bon français, faire de l'écriture la représentation exacte de la parole, ou plutôt calquer l'orthographe sur la prononciation, sans tenir compte de l'origine et de la transformation des mots, tel était le fond de la nouvelle doctrine, doctrine aussi inapplicable en fait qu'elle était fausse en principe. Au surplus, les meigrettistes eux-mêmes se chargèrent d'en fournir la preuve, et la publication de leurs écrits montra le vice capital de leur programme. Partant d'un principe commun, ils arrivaient aux résultats les plus disparates, chacun écrivant suivant le *parler* de sa province. Cette divergence, en multipliant la déformation des mots, achevait d'en obscurcir le sens; ce qui faisait dire au sage Pasquier : « A force de vouloir rendre nostre ecriture lisible, Meigret et les siens ont tant faict qu'on ne peut plus les lire eux mesmes[1]. » La tentative des phonographes souleva de longues discussions, aussi exagérées au fond que violentes dans la forme. Meigret voulait que l'écriture fût l'image fidèle de la parole; son plus ardent adversaire, Guillaume des Autels, entendait que la prononciation fût l'image de l'écriture. Ces deux excès auraient dû amener le triomphe de l'opinion modérée; il n'en fut rien. En définitive, la guerre n'eut d'autre résultat que de consolider le progrès des étymologistes[2].

---

[1] Vers le même temps il écrivait à Ramus une lettre pleine d'esprit et de bon sens : « Vous ne vous rapportez presque en rien, par vostre orthographe, à celle ny de Meigret, ny de Peletier, ny de Baïf. Qui me faict dire que, pensant y apporter quelque ordre, vous y apportez le desordre, parce que chacun, se donnant la mesme liberté que vous, se forgera une orthographe particuliere, etc. »

Un peu plus tard, Joachim du Bellay se séparait de ses compagnons de la Pléiade, et leur donnait une piquante leçon : « J'approuve grandement la raison de ceux qui ont voulu reformer l'orthographe; mais, voyant que telle nouveauté desplaist aux doctes comme aux indoctes, j'aime beaucoup mieux louer leur invention que de la suyvre, pour ce que je ne fais pas imprimer mes œuvres en intention qu'ils servent de cornetz aux apothicaires, ou qu'on les employe à quelque autre plus vil metier. »

[2] Ch. Livet, *les Grammairiens du seizième siècle*, ch. II, et H. Cocheris, *Histoire de la grammaire*, les quatre premiers chapitres.

1.

Cependant tout n'était pas à rejeter dans les projets de Meigret et de Ramus. Quelques-uns de leurs procédés de simplification furent repris par des grammairiens du dix-septième siècle, Monet, L'Esclache, Lartigaut, Chifflet. De leur côté, les précieuses de l'hôtel de Rambouillet donnaient le signal d'une réaction dans le même sens, et elles rencontraient d'importants auxiliaires dans le monde lettré. En 1680, un lexicographe érudit enregistrait, dans un ouvrage resté célèbre, les réclamations les mieux fondées des opposants. A vrai dire, le Dictionnaire de Richelet était moins une œuvre de polémique qu'un nouvel appel à la conciliation. Malheureusement, là encore, le succès fut compromis et retardé par l'intervention d'autres novateurs moins jaloux d'améliorer que de détruire.

Ainsi il y avait à cette époque deux courants, sinon contraires, au moins distincts, que chacun suivait soit par une préférence raisonnée, soit uniquement *par humeur*. Il était temps que l'ordre succédât à cette espèce d'anarchie et que la question fût tranchée par une autorité souveraine et permanente. Tel fut le rôle dévolu à l'Académie française. Aux termes de l'acte de fondation enregistré par le Parlement, elle devait « connoître de l'ornement, embellissement et augmentation de la langue. » Ses premiers membres s'intitulaient eux-mêmes « ouvriers en paroles. » Il était donc dans ses attributions de vider cette nouvelle querelle entre anciens et modernes ; elle se prononça pour l'écriture dite étymologique.

Ce fut là une décision funeste, dit Darmesteter. Nous ne le pensons pas. L'Académie, à l'appui de sa décision, pouvait invoquer les mêmes motifs que les érudits et les lettrés du siècle précédent, et surtout la nécessité de donner à une langue désormais fixée une orthographe plus stable, moins soumise aux caprices individuels comme aux fluctuations de la parole. Lui eût-il été possible d'asseoir un système sur l'écriture du moyen âge? Cette écriture était plus simple, il est vrai, mais sans règles certaines comme sans homogénéité et bien autrement variable et hésitante que celles du quinzième et du seizième siècle[1]. Et puis, à quelle époque convenait-il de se reporter? Quelles œuvres devait-on prendre comme modèles? Les chansons de geste ou les mystères? Les écrits de Villehardouin ou ceux de Froissart? A en en croire certains philologues, c'est aux plus anciens monuments qu'on aurait dû s'en référer. Mais, encore une fois, on ne pouvait reprendre la graphie de nos vieux auteurs sans remonter à leur phonétique; or le secret de cette phonétique était perdu sans retour.

On l'a souvent dit, les seules réformes sérieuses ou durables consistent, non pas à remonter le passé, mais à le continuer en l'améliorant. L'Académie cédait donc à la raison comme à la nécessité en adoptant le principe de l'orthographe réformée. Cette orthographe présentait sans doute des erreurs, des inconséquences, des redondances, des interpolations; mais elle reposait sur une base solide, et se prêtait par cela même aux remaniements qui permettent de corriger, de polir les détails d'un édifice sans en défigurer l'ensemble. Donner aux mots qui faisaient le vieux fonds de la langue une forme définitive tout en respectant leur organisme primordial; soumettre à une retouche sévère les mots d'origine postérieure et de création savante, afin d'en répandre et d'en faciliter l'usage; établir entre les uns et les autres toute l'identité extérieure, toute la conformité visible qu'exigeaient les règles de l'analogie : voilà ce qu'elle avait à faire. La première partie de sa tâche était facile;

---

[1] Bornons-nous à un exemple. Dans les anciennes chartes on trouve les variantes *ceus, ceux, celz, celx, cex, ces, ciaux, ciax*, toutes dérivant de *ecce illos* et se prononçant *ceus*. (Natalis de Wailly, *Grammaire de Joinville*.)

on peut la considérer aujourd'hui comme achevée. Mais le reste demandait une élaboration plus compliquée et plus délicate : elle a toujours travaillé à s'en acquitter de son mieux.

Si dans la longue période de préparation d'où sortit son Dictionnaire (1694), elle subit trop docilement la tutelle de Chapelain et de Régnier des Marais, et pas assez celle de Corneille et de Bossuet, elle ne tarda pas à comprendre que, pour être suivie du public, il lui fallait marcher d'un pas plus libre et s'inspirer d'idées plus larges. Dès 1718, elle renonça au plan qu'elle avait emprunté aux Trésors des Estienne, et substitua l'ordre alphabétique que réclamait l'opinion générale[1]; en même temps elle aborda le contrôle graphique de son premier travail. Mais c'est surtout dans sa troisième édition (1740) qu'elle entra résolûment dans la voie libérale et intelligente des concessions et des amendements; elle admit une partie des modifications dont les précieuses

[1] F. Génin (*Récréations philologiques*, Introduction) blâme l'Académie d'avoir abandonné son classement primitif, ce classement qui consiste à ranger les mots par familles, mettant à la tête le mot racine, et déduisant tous les rejetons issus de cette souche. « Ne voyez-vous pas, dit-il, que cette disposition vous fait embrasser d'un coup d'œil tous les mots qu'un lien de parenté rattache les uns aux autres ? Ce simple rapprochement matériel conduit à la comparaison, met en saillie les lois qui ont présidé à la formation des mots. Vous démêlez tout de suite et sans aucun effort les procédés suivis aux différentes époques... Pourquoi l'Académie ne reprendrait-elle pas aujourd'hui le premier plan du Dictionnaire ? Elle travaille, dit-on, à un Dictionnaire historique de la langue française ; il me semble que le véritable Dictionnaire historique serait celui-là qui instituerait une comparaison perpétuelle entre la langue prise à ses sources les plus reculées et la langue telle que nous la parlons... Ce serait un inventaire raisonné, au lieu d'un inventaire fait au hasard de l'alphabet. » Ces considérations ne sont pas sans valeur ; mais Génin ne voit pas assez les inconvénients du système. Comment s'avisera-t-on d'aller chercher *acquet* sous *quérir*, *accumuler* sous *comble*, *collation* sous *conférer*, *bécarre*, *carrefour*, *écarteler* sous *quatre*, *équivoque* sous *voix*, *saugrenu* sous *grain* ? On joindra au Dictionnaire, dit Génin, une nomenclature alphabétique qui renverra du dérivé à la racine. Mais alors il faudra chercher deux fois, et de plus chercher longtemps un détail dans l'ensemble d'un article. Conçue dans ces conditions, la première édition du Dictionnaire avait été justement critiquée comme peu commode. Cela posé, nous ne condamnons pas les dictionnaires étymologiques rédigés sur le plan que Génin recommande, celui de F. Charrassin par exemple ; mais nous disons que ce sont là des livres d'enseignement et non des livres de recherche.

et Richelet avaient pris l'initiative, et allégea une assez grande quantité de mots des lettres qui les surchargeaient sans utilité manifeste et parfois sans raison. C'est ainsi qu'elle rejeta les graphies *moy*, *roy*, *iray*, *françoys*, *syrop*, etc., où l'*y* n'était employé que comme ornement calligraphique, et parce qu'aux yeux des scribes « il avait meilleure grâce. » *Escole*, *apostre*, *advocat*, *insceu*, *subject*, etc., devinrent *école*, *apôtre*, *avocat*, *insu*, *sujet*, conformément à la prononciation. Au compte de Didot, les réformes atteignirent près de cinq mille articles sur vingt mille.

Les deux éditions qui suivirent dénotèrent plus de timidité et d'indécision. Cependant, dans celle de 1762, entre autres innovations, l'Académie distingua l'*i* du *j* et l'*u* du *v*[1], et racheta ses tâtonnements lexicographiques par la précision de ses indications grammaticales. Dans celle de 1795, ne nous étonnons pas qu'elle soit restée stationnaire et qu'elle n'ait pas plus amplement profité des travaux publiés par les grammairiens philosophes du dix-huitième siècle, Girard, Beauzée, Dumarsais : on sait que cette édition fut faite en dehors d'elle.

Celle de 1835 se recommanda par de nombreuses et notables améliorations. En même temps qu'elle rectifiait force définitions et faisait une plus grande place aux termes techniques d'arts et de sciences, l'Académie poursuivait le perfectionnement matériel de la langue. Ainsi elle adoptait ce qu'on appelle l'orthographe de Voltaire en substituant *ai* à *oi* dans les syllabes où l'exigeait la prononciation[2]; elle régularisait l'emploi des accents,

---

[1] Cette distinction, dont l'idée première revient à Sylvius (Jacques Dubois), avait été recommandée par Corneille environ cent ans avant que l'Académie la décrétât.

[2] Dans son dictionnaire publié en 1786, Féraud avait déjà fait cette substitution, et son exemple avait été suivi par Laveaux en 1820. Quand l'Académie se décida à la ratifier quinze ans plus tard, elle eut pour elle l'assentiment du public, mais rencontra une vive opposition chez quelques écrivains de marque, Chateaubriand,

donnait aux mots dérivés une forme plus en harmonie avec celle de leurs simples, etc.

L'apparition du Dictionnaire de Littré ne pouvait que stimuler son zèle et l'engager plus avant dans la révision patiente et réfléchie de son œuvre. Sa plus récente édition, celle de 1878, témoigna d'un nouveau progrès. Progrès manifeste, indéniable, mais encore trop lent au gré du public devenu plus éclairé et par cela même plus exigeant. Ce qui semble avoir retardé sa marche, c'est qu'elle s'est laissé guider, non pas, comme on l'a dit, par des impressions et des sentiments, mais par des considérations de nécessité passagère, faisant droit à certaines réclamations et n'en admettant pas les conséquences, bornant à des cas isolés telle rectification qui devait logiquement se généraliser, en un mot procédant par des corrections partielles plutôt que par des remaniements d'ensemble.

Ainsi qu'on devait s'y attendre, la dernière publication de l'Académie a ranimé le débat sur la réforme de notre orthographe, et ce débat, comme toujours, a suscité les opinions les plus extrêmes.

Quelques progressistes attardés ont jugé le moment propice pour reprendre en l'exagérant la thèse de Meigret et de Ramus, déjà remise en circulation au dix-huitième siècle par Dangeau et Duclos, et plus récemment par Domergue, Marle et Féline. Darmesteter a pris la peine de renouveler à leur adresse l'irréfutable raisonnement qu'on opposait jadis aux prétentions des meigrettistes. « Une orthographe figurative de la parole, dit-il, est une chimère. En supposant que, par suite d'une

<hr>

Nodier, Lamennais et autres. Depuis, il y a eu bien des dissertations pour et contre. La conclusion à en tirer est que, si dans certains cas *oi* se rapproche plus de la tradition étymologique, *ai* est plus conforme à la prononciation générale, à une prononciation déjà ancienne. Voyez Thurot, *Prononciation française,* livre II, ch. III, 5. — Ce qu'il faut constater en passant, c'est que Voltaire fut le propagateur et non l'auteur de cette petite révolution orthographique.

convention tout à fait improbable, on arrivât à composer un alphabet qui mît d'accord pour un jour l'écriture et la prononciation, celle-ci, abandonnée à elle-même, varierait bientôt, non seulement de ville à ville et d'homme à homme, de quartier à quartier et de sexe à sexe, mais chez le même individu, selon l'âge et l'humeur ». Et il ajoute avec beaucoup de sens : « Chez chacun de nous la prononciation subit sans cesse des modifications infinies d'accent, de timbre, de durée, que la physiologie la plus profonde et la plus exacte aurait peine à noter complètement. Et l'on voudrait l'emploi général d'une orthographe phonétique ! Ces deux mots *orthographe phonétique* jurent de se voir accouplés[1]. » Qu'on s'étonne après cela de la multiplicité des formulaires imaginés par les révolutionnaires de l'*ABC* et de leur embarras à se lire et à se comprendre les uns les autres !

A côté des phonographes, on a vu surgir une autre école, celle des indépendants, gens beaucoup trop accommodants pour eux-mêmes et pour les autres, et qui appliqueraient volontiers à l'écriture la règle de l'abbaye de Thélème : *Fay ce que vouldras.* C'est encore Darmesteter qui s'est chargé de leur répondre :

Certaines personnes penchent pour la liberté en matière d'orthographe. Qu'on laisse chacun libre d'écrire les mots comme il l'entend. C'était là, en somme, la doctrine du moyen âge, et, malgré l'autorité d'une orthographe traditionnelle, c'est ce que faisait encore l'époque classique[2]. Nos grands écrivains ne se préoccupaient pas de savoir comment écrire, mais comment employer les mots. Pourquoi ne pas continuer cette tradition commode, qui n'a pas nui, loin de là, à la langue ?

[1] Sur l'impossibilité de reproduire par un signe distinct tous les degrés de l'échelle vocale, voyez l'*Encyclopédie nouvelle* de P. Leroux et J. Reynaud, article *Ecriture.*

[2] Pour se faire une idée de cette liberté orthographique, il suffit de parcourir les recueils d'anciens fac-similés. Voyez notamment l'*Isographie des hommes célèbres* publiée par Delarue (1827-1830).

Parce que l'unité d'orthographe est aujourd'hui une nécessité absolue, parce que c'est l'achèvement de l'unité de la langue, qui elle-même est, chez nous, un des signes les plus visibles de l'unité nationale.

Notre langue a suivi l'histoire de la royauté. Celle-ci, sortie de l'Ile-de-France, s'est annexé peu à peu toutes les provinces de la Gaule : de même le dialecte de l'Ile-de-France, avec le pouvoir royal, s'est imposé à toutes les provinces, et a fait ou fait disparaître les dialectes locaux. L'école primaire, le service militaire vont achever cette conquête, et dans quelques générations, une langue unique se parlera par toute la France, des Alpes à l'Atlantique, des Pyrénées à la frontière belge. Pourquoi cette langue aurait-elle des graphies diverses ? S'il ne doit y avoir qu'une bonne façon de parler, il ne doit y avoir qu'une bonne façon d'écrire. L'unité de langue implique donc l'unité de graphie, c'est-à-dire une orthographe officielle.

C'est à la France nouvelle que nous devons ce dogme nouveau de l'unité d'orthographe. Notre siècle de liberté a fait l'ordre dans les questions de grammaire. Coïncidence curieuse, et plus qu'une coïncidence. L'ancien régime avait laissé incomplète l'œuvre d'unification du pays ; la Révolution l'a achevée. Depuis lors, la langue est devenue pour tous la manifestation de l'âme nationale. Partout la même, elle est une, et le vêtement qui la recouvre, l'orthographe, doit être un [1].

Ces observations sont en même temps une leçon pour ceux qui rêvent la création d'une écriture populaire distincte de l'écriture des lettrés : conception la plus utopique de toutes, et aussi la plus dangereuse [2].

---

[1] Sur ce point, M. Bréal est tout à fait d'accord avec Darmesteter : « J'avoue, dit-il, avoir été longtemps parmi les partisans d'une honnête liberté en orthographe. Un caractère naturellement tolérant m'y portait... Mais c'est là une utopie à laquelle, devant les réalités de la vie, on est obligé de renoncer. Autre chose est pour un pays de n'avoir jamais eu d'orthographe, autre chose est de renverser celle qui existe depuis une suite de générations. Ce qui est la liberté dans un cas devient l'anarchie dans l'autre. Ni l'enseignement, ni l'administration, ni l'imprimerie ne pourraient s'accommoder de la liberté. L'avantage d'une règle uniforme et incontestée est un de ces bienfaits dont on ne se doute pas aussi longtemps qu'on en jouit en paix, mais qu'on réclame avidement aussitôt qu'on en est privé. »

Ailleurs il revient sur la même idée : « Au temps d'Etienne Pasquier on reconnaissait à l'orthographe de quelle province chaque écrivain était originaire. Quand une nation est répandue depuis un millier d'années sur un grand territoire, c'est surtout la langue écrite qui fait son unité : n'y touchons donc pas à la légère. »

[2] A. Cocheris, *Histoire de la grammaire*, IV.

Ainsi une orthographe s'impose, qui ne peut être ni l'orthographe phonétique, ni l'orthographe individuelle, ni l'orthographe de caste. De quoi s'agit-il? D'améliorer celle qui existe, de la régulariser, de la simplifier. Comment? Voilà le nœud de la question.

Cela dit, Darmesteter rappelle les principes qui doivent présider à un tel travail. Toute la partie théorique de son article ne saurait être trop sérieusement méditée ni trop souvent citée. Citons-le donc encore :

Nous n'avons pas seulement une langue parlée ; nous avons une langue écrite, consacrée par une série ininterrompue de chefs-d'œuvre, maintenue par la tradition du livre, de l'écriture, de l'école, et dont la grammaire, si peu vivante qu'elle soit dans quelques-unes de ses parties, s'impose aux respect de tous...

C'est notre devoir de défendre ce trésor national contre les altérations de toutes sortes, et, si nous touchons à la langue écrite, de ne porter sur elle qu'une main légère et discrète. En proposant des changements, évitons de faire aux habitudes orthographiques une trop grande violence. Ç'a été l'erreur de tous les réformateurs qui du seizième siècle à nos jours ont voulu transformer l'orthographe, erreur qui a condamné leurs tentatives à un ridicule avortement.

C'est en orthographe surtout qu'il faut tenir compte de la tradition. Voilà deux siècles et plus que Bossuet reconnaissait que l'œil, comme l'oreille, a son habitude faite des mots : changer la forme sans toucher aux sons, c'est les rendre aussi méconnaissables que d'altérer le son en respectant la forme. Nous associons indissolublement l'image du mot écrit à la sensation du mot prononcé, et en disant *de l'eau* nous voyons en idée le mot *de l'eau* écrit, si bien que, si nous lisions *de lo*, nous nous demanderions ce que veut dire ce groupe barbare[1].

Prudence, tact et mesure, voilà ce qu'il faut demander aux

[1] La phrase de Bossuet mérite d'être citée tout entière : « Il ne faut pas souffrir une fausse règle qu'on a voulu introduire, d'écrire comme on prononce, parce qu'en voulant instruire les étrangers et leur faciliter la prononciation de notre langue, on la ferait méconnaître aux Français mêmes... On ne lit pas lettre à lettre; mais la figure entière du mot fait impression sur l'œil, de sorte que, quand cette figure est changée considérablement tout à coup, les mots ont perdu les traits qui es rendent reconnaissables à la vue, et les yeux ne sont pas contents. »

réformateurs : ils ont à examiner chacune des modifications proposées jusque dans ses conséquences les plus lointaines. Ils doivent
songer également à un point capital, qui est l'enseignement grammatical. Si, au lieu de le simplifier, les réformes ont pour effet de
le compliquer et d'augmenter les règles et les exceptions, elles
sont à éviter.

On ne saurait mieux dire. Reste à rechercher si cette
ligne de conduite a été fidèlement suivie par ceux qui
réclament le plus haut contre l'orthographe en usage, et
si Darmesteter lui-même est toujours demeuré dans
les limites qu'il a tracées. Tel est l'objet des remarques
qui vont suivre.

II

EXAMEN DES RÉFORMES PROPOSÉES

§ I. — Simplification de l'alphabet.

Plusieurs signes de notre alphabet, avons-nous dit, font double emploi les uns avec les autres. C'est ce qui a donné l'idée aux plus hardis novateurs de créer un alphabet où chaque signe correspondrait à chaque son, à chaque articulation de la voix ; mais ce serait précisément l'opposé de la simplification[1]. Le mieux est encore de garder notre alphabet avec ses défauts et d'y remédier dans les limites du possible. A première vue, le remède le plus efficace consisterait à supprimer les doubles valeurs, soit dans les lettres simples, soit dans les lettres combinées. Darmesteter reconnaît que la

---

[1] Rien de plus plaisant que la controverse des phonographes sur la création de cet alphabet destiné à reproduire les sons et les articulations simples. L'un prétend qu'il y en a trente, l'autre assure qu'il en a trouvé trente et un, l'autre trente-cinq, celui-ci trente-huit ou trente-neuf, celui-là quarante ; d'où chacun tire la conséquence qu'il faut trente, trente et un, trente-cinq, trente-huit, quarante caractères d'écriture. (Voy. Erdan, *les Révolutionnaires de l'A B C*, xii.) Mêmes disputes sur la forme à donner aux nouveaux caractères. Dans ce tournoi d'imagination, pour la multiplicité et l'étrangeté des signes, la palme reviendrait sans contredit à Domergue, si de nos jours quelques chercheurs d'absolu ne s'étaient ingéniés à le distancer.

Nous ne confondons pas avec ces élucubrations falotes les travaux sérieux et vraiment scientifiques qui ont pour objet la création d'un alphabet universel. L'étude de cet important problème, dont l'idée remonte à Volney, s'est poursuivie activement en Angleterre, sous la direction des plus remarquables philologues, Max Müller, Leipsius, Pertz, Owen, et il a déjà reçu un commencement de solution dans les différentes parties du monde.

plupart des suppressions qu'on a proposées sont impraticables ; elles conduiraient tout droit à la notation phonétique, et par là même en viendraient à travestir la langue écrite. Mais il en est d'autres qui lui semblent possibles et utiles ; en quoi ses vues ne nous paraissent pas toujours justes. Arrivons aux détails.

X

Dans l'ancien français, *x* s'employait concurremment avec *s* à la fin des mots, usage dont il reste encore des traces trop nombreuses dans la langue actuelle. Darmesteter propose à ce sujet une réforme des plus rationnelles :

Remplacer cet *x* par *s*, ce serait simplifier la grammaire et supprimer plusieurs règles de formation du pluriel dans les noms ou du féminin dans les adjectifs, et de conjugaison. *Tuyau, chapeau, feu, genou,* feront au pluriel *tuyaus, chapeaus, feus, genous,* comme *loi* fait *lois,* après avoir fait longtemps *loix ;* on écrira *pais, crois, vois,* et l'on n'aura plus besoin de la règle qui laisse sans *s* au pluriel les noms terminés en *x*. On écrira *heureus, jalous,* et il sera inutile d'enseigner que le féminin de ces adjectifs se forme en changeant *x* en *se : heureuse, jalouse.* Les verbes *pouvoir, valoir, vouloir,* feront *je peus, tu peus, je vaus, tu vaus, je veus, tu veus,* comme *craindre* et *venir* font *je crains, je viens.* Voilà d'utiles simplifications.

Très utiles en effet, et l'on s'étonne que cette permutation, déjà pratiquée par Montaigne et réclamée après lui par Ménage, Duclos, Beauzée et de Wailly, n'ait pas été agréée par l'Académie, au moment où elle remplaçait *loix* et *cloux* par *lois* et *clous.*

Nécessairement, le changement s'étendrait au pluriel des noms et des adjectifs en *al,* qui feraient par analogie *chevaus, égaus,* au lieu de *chevaux, égaux.*

Cette réforme serait un retour aux usages de l'ancienne langue, où l'on trouve *vois, chevaus,* simultanément et même antérieurement aux formes qui ont prévalu[1].

Mais il va sans dire que le changement n'atteindrait pas l'*x* étymologique, qu'il se fasse ou non sentir dans la prononciation : *préfixe, crucifix, le nombre six, sixième, soixante.*

X initial, dont M. Darmesteter ne parle pas, se prononce tantôt dur (*cs*), *xylophone*, tantôt doux (*gs*), *Xanthe*. *X* médial a aussi ce double son ; son dur, *Alexandre, taxer ;* son doux, *Anaxagore, exercice*. Quelquefois, par exception, il sonne *z, deuxième, sixième ;* ou *ss, Auxerre, soixante*. Pour marquer ces variétés de prononciation, serait-il à propos de modifier la notation écrite, comme le veulent quelques-uns, soit en créant des signes nouveaux, soit en substituant à l'*x*, suivant les cas, un *z* ou l'un des digrammes *cs, ss*? Assurément non : ce serait aggraver sans profit appréciable la complication de l'écriture. Sur ce point, comme sur beaucoup d'autres, il faut compter sur les leçons de l'usage.

Disons-le une fois pour toutes et d'une façon générale, il y a des cas où l'usage impose une prononciation abso-

---

[1] M. Brachet dit que, dans les mots *deux, dix, roux, paix, voix, croix*, etc., l'*x* répond régulièrement à *s, ss, c* du latin (*Gramm. hist.,*, ii, 3) ; mais il est bien certain que l'emploi de cet *x* a succédé à celui de l's : on écrivait d'abord *deus, dis, rous, pais*, etc. Darmesteter attribue la graphie des noms *paix, voix, croix,* à une erreur d'étymologie postérieure au treizième siècle : ces mots venant des accusatifs *pacem, vocem, crucem,* on les a rapportés à tort aux nominatifs *pax, vox, crux*. Cela est vraisemblable, mais n'explique pas la transformation des autres mots, *deus, dis, rous,* qui semble un pur caprice.

Quant au pluriel des mots en *al*, voici ce qu'en dit M. F. Brunot (*Gramm. hist.,* § 206) : « *L* devant *s* se vocalisait en *u :* des *chevals* donnait des *chevaus*, comme *alba* donnait *aube*. Or, au moyen âge, il était d'usage de remplacer le groupe *us* par une abréviation qui fut tour à tour ∞ et *x*, qu'on plaçait au-dessus de la ligne et ensuite sur la ligne même. Ainsi : *chevā∞*. Ce signe se confondit avec la lettre *x*, et dans l'*x* de *chevax* on vit une notation particulière représentant *s*. Or, comme on entendait un *u*, on le rétablit dans l'écriture. On eut : *chevaux*. A la Renaissance, on alla plus loin encore, on introduisit l'*l* étymologique. De là l'orthographe du seizième siècle *chevaulx*, qui, littéralement, représentait *chevauuus*, l'*l* vocalisée trois fois. Dès le dix-septième siècle, on est revenu à l'orthographe *chevaux* que nous conservons aujourd'hui, orthographe encore erronée, puisque *x* n'a pas de raison d'être et n'a été introduit là que par confusion. »

Une évolution semblable explique les formes verbales : *je veux, je peux, je vaux*.

lument distincte de l'écriture ; car l'une a ses tyrannies comme l'autre. On prononce *douarière, segond, lonc espoir, grant homme, neuv ans, encognure, fesons, mosieu,* etc., bien qu'on écrive *douairière, second, long espoir, grand homme, neuf ans, encoignure, faisons, monsieur.* Il faut en prendre son parti ; il y a peu d'inconvénient à observer cette prononciation anormale ; il y en aurait beaucoup à la prendre comme type infaillible de l'écriture. Au dix-septième et au dix-huitième siècle, on prononçait généralement *mouri, stoiseau, i mange, quèqu'un, not voisin, porteu,* etc[1]. Où en serions-nous, si l'Académie avait calqué l'écriture sur cette prononciation ?

G

Quelques grammairiens du dix-septième siècle avaient proposé de remplacer le *g* chuintant par *j*, et d'écrire, par exemple, *jujer, manja, plonjon, jibier,* pour *juger, mangea, plongeon, gibier.* C'est aussi l'avis de Darmesteter. On y trouverait, pense-t-il, un avantage réel ; en rapprochant l'écriture de la prononciation, on supprimerait une exception de grammaire relativement à la conjugaison des verbes en *ger*, et la difficulté que présente la prononciation des noms en *geure*, tels que *gageure.* En même temps, on rappellerait une règle de formation de l'ancienne langue, la substitution de *j* au *g* dans certains mots : *je* de *ego, jumeau* de *gemellus, joie* de *gaudium,* etc. Par suite de cette réforme, *g* ne conserverait dans l'alphabet que la valeur gutturale et palatale qu'il a dans *guérir, languir ;* l'*u*, qui a perdu sa valeur de voyelle pour former une consonne composée, disparaîtrait de ces mots, qui s'écriraient *gérir, langir,* et se prononceraient comme *gamin, gosier, auguste.*

A ces considérations tirées de la phonétique et de

<hr>

[1] Voy. Thurot, *Prononciation française*, III, 1, 5 ; III. 2, 11, et *passim.*

l'étymologie on peut opposer des arguments du même ordre : si *ego* a donné *je*[1], si *gemellus* a donné *jumeau*, en revanche *jacere*, *juniperus*, *junicem*, ont donné *gésir*, *genièvre*, *génisse*, mots qu'on trouve dans la langue dès le douzième siècle ; le *g* de *gemma*, *gens*, *purgare*, *gemere*, etc., est resté dans *gemme*, *gent*, *purger*, *geindre* ou *gémir*. Remarquons en outre qu'en vertu des anciennes lois de transformation phonique, le *g* français répond à des signes autres que le *g* et le *j* latins : *manger* vient de *manducare*, *égal* de *æqualis*, *rage* de *rabies*, etc. Mais l'objection la plus grave, c'est que le changement proposé, s'étendant à un nombre considérable de mots de la langue usuelle, jetterait une perturbation fâcheuse dans les habitudes. Il est de ceux dont on peut accepter le principe, mais dont l'application doit être indéfiniment ajournée.

La seule modification opportune est celle que conseillent de Wailly et Didot. Elle consisterait à supprimer l'*e* et à mettre un point sur le *g* dans les mots *mangea*, *plongeon*, *gageure*, etc., qui s'écriraient *manġa*, *plonġon*, *gaġure*. Ce procédé ne présenterait à la vue rien de choquant et concorderait parfaitement avec l'emploi de la cédille dans les mots *commença*, *rançon*, *gerçure*. Du même coup, il ferait disparaître l'anomalie de grammaire et l'incertitude de prononciation relevées par Darmesteter.

c — s — z

Ici la thèse de Darmesteter devient plus complexe. Il voudrait enlever à la consonne *c* la valeur sifflante qu'elle a dans *ça*, *ceci*, *reçu*, et il serait d'avis qu'elle fût exclusivement destinée à représenter le son guttural et palatal qu'on lui donne dans *carte*, *cortège*, *curé*, *clef*, *croire :* les graphies *qui*, *que*, deviendraient *ci*, *ce*. Le *c*

---

[1] Didot remarque que la forme primitive est *ge*, ainsi qu'il l'a constaté dans les manuscrits du *Roman de la Rose*.

sifflant serait remplacé par *s*, et l'on écrirait *sitron, malise, selui-si*, pour *citron, malice, celui-ci*. D'autre part, la sifflante *s* conserverait partout le son fort qu'elle a dans *souris, dansons, surseoir*. L's douce cèderait la place au *z* : on écrirait *maizon, azile, tranzit*, comme on écrit *zèbre, azur*.

Cette révolution, portant à la fois sur trois signes de l'alphabet, amènerait dans le vocabulaire un bouleversement bien autrement considérable que la réforme du *g*, et elle aurait pour effet de dénaturer une foule de mots.

Mais procédons par ordre. En ce qui concerne la suppression du *c* sifflant, l'œil et l'esprit s'habitueraient-ils jamais à reconnaître dans *se* le démonstratif *hicce, hocce*[1]? Nos arrière-neveux retrouveraient-ils facilement l'origine des mots *glace, certain, décime, maçon*, sous les formes nouvelles *glase, sertain, désime, mason* ? En écrivant *sire, session, sent, selle*, pour *cire, cession, cent, celle*, n'augmenterait-on pas la liste des homonymes déjà si nombreux en français, et n'ajouterait-on pas aux équivoques qu'ils apportent dans le discours ? Enfin se résoudrait-on jamais à user d'une double graphie pour les mots congénères et à écrire, par exemple, *natif* et *nasion, démocrate* et *démocrasie, les Francs* et *les Fransais, les Grecs* et *la Grèse*?

Suivant Darmesteter, cette substitution de *s* ou *ss* à *c* ne ferait que continuer une réforme commencée depuis longtemps et dont il donne un certain nombre d'exemples : *apetisser, chasser, chausser, tisser; chanson, buisson, écusson, poison; sangle; coulisse, pelisse, jaunisse; bécasse, bestiasse, bonasse, hommasse*, etc. Mais d'abord plusieurs de ces exemples sont loin d'être

---

[1] La *Société de réforme orthographique*, adoptant les conclusions de Darmesteter, décrète que le *c* sifflant sera remplacé par *s*, excepté dans les mots *ce* et *ces*. Pourquoi cette exception et pas d'autres ? On ne le dit pas, et pour cause.

probants ; ainsi l'on ne trouve pas la trace d'un *c* sifflant dans les formes primitives de *poison*, de *tisser*, de *coulisse*. En second lieu, l'emploi de *s* ou plutôt de *ss* dans *mollasse, bonasse, hommasse,* n'affecte guère que des suffixes, et cela plutôt par suite d'une convention grammaticale qu'en vertu d'une règle phonique ou étymologique. Parmi les mots qu'énumère Darmesteter, *sangle* (autrefois *cengle*, de *cingulum*) est le seul où l's remplace le *c* initial. Mais la vérité est que Ie *c* sifflant employé à l'origine de la langue a persisté à travers les variations orthographiques, et que, s'il a été souvent converti en *s*, bien souvent aussi il l'a remplacé : *cidre* de *sicera, sauce* de *salsa, saucisse* de *salsitia, souci* de *solsequium, morceau* de *morsellum, cercueil,* d'abord *sarcueu,* de *sarcus,* etc. En définitive, l'avantage qu'il y aurait à débarrasser l'alphabet d'une de ses doubles valeurs ne compenserait pas le trouble apporté à des graphies cinq ou six fois séculaires.

Ce qu'on pourrait faire, ce serait de marquer d'une cédille le *c* devant l'*e* et l'*i*, comme on le fait devant l'*a*, l'*o* et l'*u*, afin d'indiquer le son sifflant : *besaçe, çité*. Mais, en vérité, cela en vaut-il bien la peine ?

En réclamant la substitution du *z* à l's, comme signe de la sifflante douce, Darmesteter semble oublier un principe qu'il a posé ailleurs, à savoir qu'on doit tendre à remplacer les signes les moins usités par leurs équivalents plus connus. Toutefois c'est là le moindre défaut de sa motion.

La lettre *z*, en français, a des fonctions diverses, mais nettement déterminées. Dans un certain nombre de mots tirés du latin, elle remplace *c : lézard* de *lacerta ; onze, douze* de *undecim, duodecim,* etc. ; ou bien elle reproduit le ζ grec soit directement, soit par l'intermédiaire du latin : *zoographe* de ζωογράφος, zèle de *zelus,* ζῆλος ; ou bien encore elle rappelle l'origine de quelques mots étrangers : *zéro* de l'italien *zero, zefiro, bizarre*, de l'espagnol *bizarro, zinc* de l'allemand *Zink*, etc. On ne trouve le *z* comme équivalent de l's que comme finale muette : *nez, lez, rez, assez, aimez*. Encore faut-il observer que ce *z* final correspond le plus souvent à *ts, ad-satis, amatis*, comme dans l'ancienne langue, *bontez* était formé de *bonitates*, loz de *laudes*[1]. Son emploi momentané dans le corps des mots, *bizeau, magazin, hazard, azile*, est une tentative qui a échoué comme contraire à l'analogie.

Disons-le, il n'y a pas lieu de changer la destination et le rôle du *z*. Au contraire, il conviendrait de l'éliminer dans les mots *nez* et *rez*, plus régulièrement écrits *nés* (*nasus*) et *rés* (*rasus*) : changement qui s'est opéré de lui-même dans les mots de la même famille, *naseau, raser*[2]. Pareille rectification serait à faire dans *lez*, en latin *latus*, dans *suzerain*, formé dans la particule *sus*, dans *alizés* (vents), en espagnol *alisios*, dans *gazon*, en haut allemand *waso*, dans *gaz*, en flamand *geist*, et dans *riz*, qui vient plus directement de l'italien *riso* que du latin *oryza*. Mais ces graphies ont pour elles la consécration d'un long usage et peuvent invoquer la prescription.

Résumons-nous. La grammaire enseigne : 1° que la sifflante *s* a le son fort quand elle est initiale ou qu'elle est placée après une consonne dans le corps d'un mot : *sagesse, seul, absurde, ainsi, coursier ;* 2° qu'elle a le son doux quand elle est placée entre deux voyelles : *rosier, voisin, asile.* Cette règle n'a rien de bien embarrassant, et il est sage de s'y tenir sans avoir recours à des mutations d'écriture. Il est vrai qu'elle admet des exceptions, puisque *transit, balsamine, Alsace,* se prononcent *tranzit,*

---

[1] L'orthographe *assés, pouvés, aurés,* qu'on trouve dans les auteurs du seizième et du dix-septième siècle, méritait donc de disparaître.

[2] Dans sa dernière édition, l'Académie écrit *raz de marée,* au lieu de *ras* qu'elle avait d'abord jugé préférable. Cette correction n'est pas heureuse.

balzamine, *Alzace*, et que *préséance*, *parasol*, se prononcent *presséance*, *parassol*. Mais ces exceptions s'expliquent d'elles-mêmes, quand il s'agit de mots formés de deux éléments distincts : *trans-it*, *trans-iger*, *pré-séance*, *para-sol*. Quant à *Alsace* et à *balsamine*, l'Académie, qui est jusqu'à un certain point l'arbitre de la prononciation comme de l'orthographe, peut, quand elle le voudra, faire cesser l'anomalie. En attendant, laissons les choses en l'état.

Q — K

Nous devons dire quelques mots de ces lettres, parce qu'elles ont joué un rôle dans le programme des réformistes de tout temps. Ronsard demandait que le *k*, fort en usage au moyen âge, fût « remis en son premier honneur », et qu'il remplaçât le *c* dur : *krier*, *kœur*. Plus tard, Marle revendiquait cet emploi pour *q* : il préconisait l'écriture *qonduire*, *suqsè*. On ne comprend guère l'avantage de ces innovations. Sans les discuter plus que ne le fait Darmesteter lui-même, nous nous en tiendrons aux observations suivantes.

La consonne *q* a ceci de particulier qu'elle n'existe qu'à la condition d'être suivie d'un *u*, excepté à la fin des mots : *coq*, *cinq*. Le groupe *qu*, qui date de l'origine de la langue, a le son du *c* dur devant une voyelle quelconque : *qui*, *que*, *quatre*, *quotient*, *acquérir*. Quelquefois aussi il forme une diphtongue devant *e* ou *i* : *questeur*, *inquiet*, où l'*u* se fait sentir. Dans un petit nombre de mots, *u* sonne *ou* devant *a* : *quadrilatère*, *aquarelle*. La plupart des néographes ont signalé ces particularités ; mais ils se sont abstenus avec raison de les distinguer par l'écriture. Quelques-uns ont imaginé trois orthographes différentes suivant les cas. Ils ont proposé d'écrire *éqitable*, *équiangle*, *équouateur*, donnant ainsi une triple forme au même radical. C'est le triomphe de la cacographie. D'autres, parmi lesquels Baïf et Théodore de Bèze, enchérissant sur la fantaisie de Ronsard, ont été d'avis de remplacer le groupe *qu* par la lettre *k* devant *e, i : ki, kel, akérir*. Pour être plus simple, la motion n'en est pas plus raisonnable. Nous ne voyons pas qu'elle ait été reprise depuis, si ce n'est par Duclos. A vrai dire, le *k* n'est pas une lettre française, pas plus que le *w*. Il est spécialement réservé à la reproduction de quelques mots tirés du grec ou des langues modernes étrangères : *kyrielle, kyste, kilo ; kiosque, kermesse, kaolin, whiskey, jockey*. Si l'on se décidait un jour à franciser ces mots, il disparaîtrait complètement de l'alphabet sans y laisser de vide. Darmesteter l'eût regretté moins que tout autre, lui qui assignait à *c* le son guttural et dur devant une voyelle quelconque.

L mouillée

L en se doublant après un *i* se mouille, c'est-à-dire qu'elle exprime une articulation analogue à celle de l'*y* entre deux voyelles : *fille, billard, bouillon*[1]. *L* se mouille encore quand elle est unique à la fin des mots après un *i* précédé d'une voyelle : *travail, soleil, cerfeuil, fenouil*, et même après l'*i* simple dans quelques mots : *péril, babil, grésil*.

Mais cette règle admet bien des exceptions. *L* doublée conserve sa prononciation normale dans *ville, tranquille, syllabe, mille, illustre, distiller*. Elle a aussi le son

---

[1] *L* mouillée après *i* s'est longtemps prononcée comme *ll* en espagnol, *lh* en portugais, *gl* en italien, c'est-à-dire à peu près comme la syllabe *li :* c'est encore l'usage dans la Flandre française. Littré, dans la préface de son dictionnaire, proteste contre la prononciation parisienne qui a prévalu ; mais sa protestation a peu de chance d'être accueillie. Presque partout en France, on articule actuellement *feu-iage, bou-ion*, ou *feuyage, bouyon*, et non *feuliage, boulion,* comme autrefois.

de *l* unique dans *cil, fil, vil, puéril,* ou ne se fait pas sentir dans *fusil, persil, outil, gentil*[1].

Darmesteter regrette qu'il y ait une notation identique pour ces prononciations différentes ; mais il ne propose rien pour faire cesser l'homographie. Ronsard et Corneille s'en étaient préoccupés dans leurs critiques sur l'orthographe. Le premier souhaitait la création d'un signe particulier pour exprimer le son mouillé ; et quelques grammairiens, conformément à ce vœu, ont proposé d'introduire ou plutôt de rétablir dans notre alphabet le digramme *lh* des Portugais et des Provençaux : *filhe, bouilhon, soleilh, babilh.* Au contraire, Corneille était d'avis de faire porter le changement sur les mots de la seconde catégorie, et il approuvait fort ceux de ses contemporains qui écrivaient *tranquile, distile.* Ce qui donne du poids à son opinion, c'est que les mots de cette catégorie sont de beaucoup les moins nombreux, et que plusieurs viennent de formes latines ayant la double orthographe : *mille* et *mile, villicus* et *vilicus, supellex* et *supelex, relligio* et *religio,* etc. Cette double orthographe se retrouve déjà en français dans *balle* et *bale* (petite paille), *imbécillité* et *imbécile, village* et *vilain.* La raison étymologique n'a donc ici rien de décisif, et nous estimons que l'Académie ferait bien d'ériger l'exception en règle, afin d'éviter ce que Corneille regardait comme une ambiguïté fâcheuse.

GN

Le digramme *gn* initial représente un son guttural : *gnôme, gnose.* Quand il est dans le corps d'un mot, le *g* se fait à peine sentir, et l'*n* prend un son mouillé, qui se rapproche, dit-on, de l'*i* formant diphtongue avec la

---

[1] On peut regretter que le son mouillé ne se soit pas conservé dans plusieurs de ces mots pour expliquer la formation de leurs dérivés : *fusillade, persillé, outillage, gentillesse,* etc.

2.

voyelle suivante : *gagner, ignare, ognon,* se prononcent à peu près comme *ganier, iniare, onion ;* ou plutôt *gn* représente une articulation distincte de toute autre, pour laquelle Ronsard et Corneille, toujours en quête d'améliorations graphiques, regrettaient qu'il n'y eût pas un caractère ad hoc. Ce regret est d'autant plus légitime que la règle posée par la grammaire est loin d'être absolue : témoin les mots de formation savante, *stagnation, inexpugnable, igné,* où le *gn* médial est guttural, et les mots populaires, *gnole, gniàf, gnognotte,* où le *gn* initial est mouillé.

Didot, Jullien et Darmesteter ne donnent aucune solution sur ce point. L'auteur d'une grammaire fort estimable, M. C. Ayer, propose de remplacer *gn* par *ny* : *sinye, sinyal,* pour *signe, signal :* ce qui aurait l'inconvénient d'éliminer un élément essentiel du radical et de ne donner qu'une notation approximative. Quelques grammairiens ont émis l'idée beaucoup plus simple de tilder l'*n* comme en espagnol, et d'écrire *Progné* et *régñer, stagnation* et *siğnal, régnicole* et *magñifique, gnome et grogñon.* C'est là un procédé pratique, et, bien qu'il ne soit pas sans inconvénient de multiplier les signes diacritiques, on peut le recommander à l'attention de l'Académie[1].

H

Dans le monde des néographes, on est généralement d'accord pour proscrire *h* muette, « lettre inconnue à la vieille langue, et que l'imitation latine a introduite après

---

[1] « Dans *gn*, le *g* était muet au seizième siècle ; on écrivait *regnard, cygne, digne, signe, consigne, insigne.* qu'on prononçait *renard, cyne, dine, sine* (d'où est venu *sinet*), *consine, insine.* Au dix-septième siècle, Mme de Sévigné parle encore de sa *résination,* et Racine explique, dans une lettre à sa sœur, que les armes parlantes de sa famille sont un *rat* et un *cygne* (prononcez *racine*). Le poète avoue d'ailleurs que le *rat* lui déplaît, et qu'il eût préféré un *sanglier.* » (Brachet, *Cours supérieur de grammaire.*) D'après Thurot (ouvrage cité, III, iii, 4), la prononciation de *gn* n'était pas uniforme au seizième siècle.

coup dans quantité de mots ». Darmesteter s'inquiète avec raison des conséquences qu'entraînerait cet ostracisme : il pense que trop de mots auraient à en pâtir, et il conclut à surseoir.

Nous avouons ne pas bien comprendre ce raisonnement. Si la mesure proposée entraîne de si graves conséquences, ces conséquences se produiront tôt ou tard. C'est donc le cas, non de surseoir à la suppression de l'*h* muette, mais de prononcer son maintien sans appel ni recours. En effet, il serait à craindre que, cette *h* une fois supprimée, une notable partie de notre vocabulaire ne devînt méconnaissable. Il en est de l'*h* muette comme de tant d'autres lettres prétendues inutiles ou serviles dont nous parlerons plus tard. Si elle ne se fait pas entendre, il est bon qu'elle se fasse voir, pour rappeler l'origine et aussi la signification des mots où elle figure. Au fond, et quoiqu'il ne le dise pas, c'est la véritable raison qui porte Darmesteter à la conserver au moins jusqu'à nouvel ordre. Depuis plus de quatre siècles, elle tient dans la langue une place considérable et légitime ; elle figure même dans les plus anciens monuments de notre littérature[1]. Il est bien vrai que parfois l'*h* est sortie de son domaine et s'est introduite indûment, comme muette ou comme aspirée, dans certains mots où elle n'avait que faire : *huile* de *oleum*, *hache* de *ascia*, *huis* de *ostium*, *huître* de *ostreum*, *hurler* de *ululare*, *haut* de *altus*, *hérisson* (*hericon*) de *ericius*, *huppe* de *upupa*, *huit* de *octo*, *heur* (*bonheur*, *malheur*) de *augurium*. Ce sont là des abus auxquels il n'est plus temps de remédier. Notons d'ailleurs qu'ils ne sont pas tous imputables à la Renaissance : *haut* (*halt*), *huis*, *hérisson*, *huppe* et autres remontent

---

[1] Dans la *Chanson de Roland*, on trouve *herite*, *hennissent*, *humilitet*, etc., et parallèlement les formes *herbe* et *erbe*, *host* et *ost*, *honor* et *onur*. Voy. l'édition de Léon Gautier, *Grammaire* et *Glossaire*. Voyez aussi le texte de Joinville, édité par Natalis de Wailly.

au douzième siècle et au delà, c'est-à-dire à un temps où, sans souci de l'uniformité, on écrivait *on, orge, or, avoir*, d'après *homo, hordeum, hora, habere*[1]. Quoi qu'il en soit de ces accidents communs à tous les idiomes, il n'en faut pas moins persister à conserver l'*h* muette partout où l'étymologie la réclame : *l'herbe, l'homme, exhaler, déshonorer*. Il faut la conserver encore dans les mots où elle a été intercalée pour maintenir l'hiatus : *trahir, envahir*. Cela est sage et cela est nécessaire.

Disons-le en passant, ce qui serait non moins sage et non moins nécessaire, ce serait d'écrire *olographe* comme on écrit *holocauste, ostrogot* comme *gothique*, de faire concorder *héros, héraut, hanse*, où l'*h* est aspirée, avec les dérivés *héroïque, héraldique, hanséatique*, où l'*h* est muette, et de ne pas conserver cette disparate : *ouvrir l'huis* et *prononcer le huis clos*.

On a donné une autre raison, celle-là purement pédagogique, contre l'emploi de l'*h* muette : c'est la difficulté que rencontrent les écoliers et les étrangers à distinguer les mots où l'*h* est un signe d'aspiration de ceux où elle est un simple signe orthographique. Pour les jeunes Français la difficulté n'est qu'apparente et passagère : leur oreille les avertit bientôt de ne pas écrire *le honneur, la histoire*, et de ne pas prononcer *les zharicots, des zharengs, l'honte*. L'apprentissage est plus pénible et surtout plus long pour les étrangers, surtout pour ceux qui apprennent notre langue dans les livres. Mais il serait possible de faciliter et d'abréger la tâche des lec-

---

[1] S'il faut en croire Théodore de Bèze, l'*h* a été introduite dans *huile, huître, huis*, pour qu'on ne lût pas *vile, vître, vis*, à l'époque où le *v* et l'*u* étaient représentés par le même signe. Ménage retranchait résolument cette *h* malencontreuse.

Quant à l'*h* de *hurler, haut*, etc., Littré l'attribue avec raison à l'influence germanique. « *Haut* vient de *altus ;* mais l'allemand *hoch* a été cause que ce mot est devenu aspiré ; *hurler* (ancien français *huller*) dérive de *ululare ;* mais l'aspiration est provenue des gens qui disaient, dans leur langue, *heulen*. » *(Hist. de la langue française,* 1, 6.)

teurs novices en indiquant l'aspiration par un signe. On a proposé de placer sous l'*h* soit un point, soit un trait : le *ḥéros*, le *h̠éros*. Quelle que soit la notation à laquelle on s'arrête, elle sera la bienvenue, puisqu'elle aplanira une difficulté sans charger l'alphabet.

PH — TH — RH — CH

La question de l'*h* muette mène tout naturellement à celle de *ph, th, rh, ch*. Darmesteter la tranche d'un trait de plume, en remplaçant ces digrammes par les lettres simples *f, t, r, c*. Cette solution uniforme et radicale, proposée pour la première fois par Péletier en 1550, et souvent reprise depuis par des écrivains plus ou moins autorisés, ne répond qu'imparfaitement à des cas qui sont assez différents. Il y a lieu de distinguer.

Pour ce qui est de *ph*, Darmesteter rencontrera peu de contradicteurs. En latin, dès le principe, il y eut une certaine différence entre la prononciation de *ph* et de *f;* mais cette différence ayant disparu à la longue, *f* remplaça *ph*, surtout à l'époque de la basse latinité[1]. C'est donc par une tradition toute naturelle que le vieux français écrivait *faisan, blasfème, orfelin:* l'emploi de *ph* est très rare dans les anciens manuscrits. C'est au temps de la Renaissance, sous l'influence des érudits, qu'il apparaît ou plutôt qu'il reparaît comme signe représentatif du φ grec et du *ph* latin. Résurrection deux fois malheureuse, puisqu'elle introduisait une double valeur dans l'alphabet, et que par une contradiction inexcusable elle laissait subsister une partie des anciennes graphies. On eût compris les réformateurs, et on les eût suivis peut-être, s'ils avaient affecté le *ph* à la transcription exclusive du φ, réservant l'*f* à la reproduction de l'*f* ou du *v* latins : *femme, feuille, vif (vivus), nerf (nervus)*.

---

[1] Voy. G. Edon, *Écriture et prononciation du latin*, ch. iii, p. 53 et suiv.

Mais leur orthographe n'avait rien de régulier, et le dictionnaire qui faisait loi à cette époque, le Trésor de Robert Estienne, admettait *orfelin*, *flegme*, *fantastique*, à côté de *physicien*, *phantôme*, *philosophe*. L'Académie, dans les éditions successives de son Dictionnaire, essaya de réagir contre cette pratique arbitraire et illogique, mais sans arriver à être elle-même plus conséquente et plus réglée. Elle procéda par tâtonnements, par demi-mesures, flottant de l'*f* au *ph*, se déjugeant même parfois, sans que rien justifiât ses variations. Le moment semble venu de prendre une détermination ferme et d'établir une règle invariable. « Notre *f*, dit très bien Didot, est une lettre de naturalisation, à laquelle a droit tout mot devenu français. » Elle a le mérite de rappeler et de reproduire assez fidèlement l'aspiration des mots primitifs ; il y a longtemps qu'elle aurait dû supplanter définitivement le digramme superflu imaginé ou plutôt exhumé par des érudits mal inspirés. Écrivons donc *filosofie*, *alfabet*, *frase*, comme nous écrivons *faisan*, *fantôme*, *soufre*, *greffe*.

Pour *th* et *rh*, la chose est discutable. Le grand, l'unique argument qu'on donne pour la réduction de ces digrammes, c'est que l'*h* est une lettre nulle, une lettre morte. *Th*, *rh*, dont les Latins se servaient comme signes représentatifs du θ et du ρ grecs, exprimaient chez eux une aspiration qui n'existe pas dans notre langue. Mais cet argument a été déjà employé pour la suppression de l'*h* initiale non aspirée, et nous avons dit pour quel motif il n'en fallait pas tenir compte. Le cas est absolument le même pour les digrammes en question[1].

D'ailleurs les mots français où ils figurent sont plus

---

[1] L'exemple des Italiens, qu'on cite sans cesse, prouve plutôt contre eux que pour eux. Ils ont remplacé le *th* et le *rh* des Latins par *t* et par *r*, parce que l'*h* ne s'y faisait pas sentir ; mais ils l'ont gardée dans *io ho*, *tu hai*, etc., où elle es également muette.

nombreux qu'on ne le suppose, et tous n'appartiennent pas au répertoire savant : beaucoup font partie de la langue usuelle : *théâtre, thème, gothique, anathème, parenthèse, . théorie, misanthrope, panthère, panthéon, épithète, rhéteur, rhume, myrrhe, arrhes*, etc., etc. L'Académie, cédant au courant de l'usage, a supprimé l'*h* dans certains mots, *trône, auteur, trésor, rétine*, qui au seizième siècle s'écrivaient *throsne, autheur, thrésor, rhétine*. Ce sont là des cas exceptionnels passés à l'état de faits accomplis ; mais on aurait grand tort d'en exciper contre la règle générale qui a prévalu depuis. Il est regrettable que l'Académie s'en soit écartée çà et là dans ses deux dernières éditions. L'orthographe de *rythme, hémorragie, hémorroïdes*, ne vaut pas celle de *rhythme, hémorrhagie, hémorrhoïdes*, comme le montre très bien Littré. En adoptant les graphies *aphte, diphtongue, ophtalmie, phtisie*, on a voulu, dit-on, éviter l'accumulation de quatre consonnes ; n'y serait-on pas arrivé plus régulièrement en écrivant *afthe, difthongue, ofthalmie, fthisie? Ichthyologie, autochthone*, ont été modifiés pour le même motif ; mais alors pourquoi avoir laissé subsister *abstrait, asthme, arthrite*, et autres mots où figurent les quatre consonnes consécutives ? Ces mutilations sont autant d'irrégularités aggravées d'incohérence.

Une partie des réflexions qui précèdent s'appliquent au signe binaire *ch;* mais ici la question est presque insoluble. *Ch* répond tantôt au *c* dur ou à l'*x* latin : *chose* vient de *causa, chèvre* de *capra, lâcher* de *laxare;* tantôt au χ des Grecs, devenu le *ch* des Latins : *chimère* de *chimæra*, χίμαιρα, *archonte* de *archon*, ἄρχων. Personne, que nous sachions, n'a encore songé à ramener notre *ch* à sa forme originelle dans les mots de la première catégorie ; mais, pour ceux où il répond à l'aspiration grecque et latine, quelques réformistes, interprétant plus ou moins fidèlement la doctrine de Darmesteter, conseillent une amputation semblable à celle de *th* et de *rh*[1]. Ce serait, pensent-ils, un retour direct à l'écriture du moyen âge, *arcevesque* de *archiepiscopus*, *cirurgien* de *chirurgus*, *cuer* de *chorus*, χορός, *cresme* de χρίσμα, écriture qui nous est restée dans *caractère* (*character*), *colère* (*cholera*), *école* (*schola*), *estomac* (*stomachus*), etc.

Cette proposition rencontre, outre l'objection de principe que soulève la relation étymologique, une autre objection tirée de la tradition phonétique si souvent invoquée par les néographes. Le son sifflant exprimé par *ce* et par *ci*, et qui résulterait des graphies *Acéron*, *cimie*, s'éloigne autant que possible de l'aspiration ancienne ; au contraire, *che* et *chi*, sons chuintants dans *trochée*, *Achille*, la rappellent jusqu'à un certain point: c'est un motif pour les conserver comme signes figuratifs du χ et du *ch* latin.

Malheureusement l'usage a admis, en même temps que la prononciation chuintante, *charte*, *chimie*, *Achéron*, la prononciation gutturale, *chaos*, *orchestre*, *écho*, laquelle avec le temps a fini par prédominer. De là une cause de confusions, d'hésitations et d'erreurs, dans la langue écrite comme dans la langue parlée, pour nos nationaux aussi bien que pour les étrangers[2]. Ce qui aggrave encore ces inconvénients, c'est l'emploi de *k* ou de *qu* dans certains mots, *kilo*, *monarque*, *estomaquer*, etc.

Pour faire cesser ce désordre, on a proposé d'unifier la prononciation du *ch*, en adoptant exclusivement le

---

[1] Ce *ch*, qu'il s'agirait de réduire à *c*, est donné par Darmesteter comme l'équivalent du χ (page 16) ; un peu plus loin (page 22), il est présenté comme l'équivalent du *k*. Veut-il dire qu'il représente χ et sonne *k* ? On ne sait. D'autre part, il semble regretter l'ancienne graphie *arcevesque ;* mais il oublie qu'il s'est interdit l'emploi du *c* sifflant. Toute cette partie de sa discussion nous a paru manquer de clarté et de suite.

[2] Cette confusion remonte assez haut dans l'histoire de la langue. Les grammairiens du seizième et du dix-septième siècle, Meigret, Péletier, Ménage, le constatent avec regret. Voy. Thurot, *Prononciation française*, III, ii, 6.

son chuintant : *archiépiscopal* se prononcerait comme *archevêque, catéchumène,* comme *catéchisme, Charybde* comme *Achille.* Mais cette règle, excellente en soi, serait d'une application difficile ou même impossible. On n'arriverait jamais à vaincre les habitudes prises pour obtenir le chuintement dans les mots *chœur, orchestre, archange, Chersonèse,* pas plus qu'avec la règle inverse on n'arriverait à imposer le son guttural dans *chimie, charité, machine, architecte, schisme.* A la longue, l'oreille s'asservit indissolublement à la coutume. Joint à cela qu'en vertu du principe émis, *chlore, chronique* devraient se prononcer *shlore, shronique,* articulations étrangères au français et réservées uniquement à la naturalisation des mots germaniques. L'unification de l'écriture n'aurait guère plus de chance de succès : l'œil, qui a sa routine comme l'oreille, ne s'habituerait pas aisément à lire *monarche, estomacher.* Enfin l'œil et l'oreille tout ensemble protesteraient contre l'écriture et la prononciation que plusieurs préconisent dans les mots *arcevéque, orcestre, arcéologue.*

En présence de ces difficultés de tout genre, la raison conseille de s'en tenir au statu quo et de se résigner aux anomalies qu'offrent l'écriture et la prononciation du *ch*[1].

Toutefois, s'il n'y a pas de remède pour faire disparaître le mal, il est du moins un expédient pour l'amoindrir ; c'est celui qu'a imaginé Beauzée et qui a été recommandé plus tard par B. Jullien. Il consisterait à marquer par une cédille le son chuintant du *ch*, non seulement dans les mots d'origine aspirée, mais partout ailleurs où il se rencontre. On écrirait en conséquence *çharité, monarçhie, arçhitecte, çheval, çherçhons, çhute*[2].

---

[1] Nous ne voyons qu'une réserve à faire, à propos du mot *métempsycose.* Cette orthographe exceptionnelle, admise par l'Académie, jure avec les formes régulières, *Psyché, psychique, psychologie,* issues de la même souche. Il est vrai que V. Cousin a fait imprimer *psycologie* dans ses livres ; mais son exemple n'a pas trouvé d'imitateurs.

[2] Ce système est de beaucoup préférable à un autre projet que B. Jullien expose

TI

On pourrait souhaiter une modification semblable pour la syllabe *ti*. Placée devant une voyelle dans le corps d'un mot, tantôt elle garde sa prononciation dentale, *partie*, *entier*, *bastion*; tantôt elle prend le son sifflant de *ci*, *argutie*, *ambitieux*, *attention*, *gentiane*. Les règles établies à ce sujet par la grammaire sont souvent contredites par l'usage. Les mots *châtier*, *sortie*, *chrétien*, devraient régulièrement se prononcer comme *initier*, *argutie*, *capétien*; cependant ils conservent le son dental dans toute sa force.

A ce propos, on s'est demandé s'il n'y aurait pas avantage à reprendre la tradition du moyen âge, et à mettre l'orthographe d'accord avec la parole en écrivant *démocracie*, *nacion*, *capécien*[1].

A cette motion nous ne nous lasserons pas d'opposer des raisons qui nous paraissent essentielles. Entre le *ti* dental et le *ti* sifflant, il y a une complète identité d'origine; pourquoi cette identité serait-elle détruite par l'orthographe? Nous dirons plus: si elle a disparu dans la prononciation, c'est une raison de plus pour la conserver dans l'écriture. Il est bon qu'on retrouve l'élément commun qui existe entre *sortie* et *inertie*, *chrétien* et *capétien*, lien qu'on cherchera vainement dans les graphies *inercie*, *capécien*. Ecrire *diplomacie*, *impéricie*, *démocratie*, comme on écrit *pharmacie*, *superficie*, *esqui-*

---

dans ses *Thèses de grammaire*, v, et qui consisterait à lier ou à séparer dans l'écriture le digramme *ch*, suivant qu'il exprimerait un son chuintant ou un son guttural : *cheval*, *chimie*, *c-hœur*, *c-hrétien*. Il voudrait voir son procédé appliqué partout où un même groupe de lettres répond à deux sons différents : *Adam* et *Abraha-m*, *fin* et *fi-ne*, *il pressen-t* (de *pressentir*) et *ils presse-nt* (de *presser*). Voilà, suivant lui, qui est simple et ingénieux. C'est ingénieux peut-être; mais, à coup sûr, ce n'est pas simple.

[1] Darmesteter n'avait pas à intervenir dans ce débat, par la raison qu'il proscrit l'usage du *c* en tant que consonne sifflante : nous l'avons vu, il écrit *nasion*, *démocrasie*.

nancie, c'est confondre à plaisir des suffixes absolument distincts. Il est fâcheux que l'Académie ait cru devoir faire une concession à l'école phonétique en enregistrant les mots *chiromancie*, *rabdomancie*, et quelques autres : ils font tache dans sa nomenclature.

On parle des difficultés que présente l'orthographe en usage pour la lecture et l'écriture ; mais on ne songe pas aux irrégularités choquantes et par suite aux graves embarras qui résulteraient de la réforme proposée ; le *t* serait supprimé dans *inertie*, *ineptie*, *démocratie*, *prophétie*, pour reparaître dans *inerte*, *inepte*, *démocratique*, *prophétique ;* il serait conservé dans *partie* et tomberait dans *partiel*! Est-ce là ce qu'on appelle simplifier, régulariser, faciliter l'étude de l'orthographe ?

Didot regrette que l'Académie ait flotté entre le *t* et le *c* dans les adjectifs *ambitieux*, *facétieux*, et *spacieux*, *gracieux :* il ne voit pas la raison de cette différence. Cette raison est cependant visible. Sans se préoccuper outre mesure des origines latines, qui d'ailleurs lui eussent fait souvent défaut, l'Académie a employé le *t* ou le *c*, non pas arbitrairement, mais suivant des règles d'analogie, d'affinité ou de dérivation. Elle a écrit *capricieux*, *sentencieux*, *vicieux*, *précieux*, qui rappellent *caprice*, *sentence*, *vice*, *apprécier*. Par contre, elle a écrit *minutieux*, *facétieux*, *ambitieux*, par analogie avec *minutie*, *facétie*, *ambition*.

Ce qu'on pourrait lui reprocher, c'est de s'être déjugée dans l'orthographe des adjectifs en *iel*. Elle aurait dû écrire, non pas *confidentiel*, *pestilentiel*, *substantiel*, *différentiel*, *essentiel*, mais *confidenciel*, *pestilenciel*, *substanciel*, comme dérivés de *confidence*, *pestilence*, *substance*, de même qu'elle a écrit *circonstanciel*, *superficiel*, *artificiel*, dérivés de *circonstance*, *superficie*, *artifice*. Un autre tort, c'est d'avoir accepté des mathématiciens, comme conséquence de *différentiel*, le verbe *différentier*, qui, suivant la remarque de Littré, fait double emploi avec *différencier*.

De ce qui précède il ne faut pas conclure qu'il n'y ait rien à faire pour distinguer la prononciation de *ti* dental et de *ti* sifflant. Les savants de Port-Royal avaient trouvé un moyen pour noter ce dernier : c'était de mettre un point sous le *t* sifflant : *ineptie, nation, nuptial*. Beauzée amenda cette idée en remplaçant le point par une cédille : *ineptie, nation, nuptial*. Didot approuve cette dernière notation, mais seulement pour le pluriel des substantifs en *tion*, qui sont homonymes de certaines formes verbales : *les dictions — nous dictions, — les portions — nous portions*[1]. Evidemment le mieux est d'adopter intégralement l'avis de Beauzée et d'ériger en règle générale l'emploi du *t* cédillé partout où *ti* sonne *ci*. On aplanira ainsi une difficulté de la lecture pour toute une série de mots sans altérer la forme d'un de leurs éléments constitutifs.

Y

Darmesteter pense avec raison qu'il ne faut pas toucher aux voyelles ou simples ou composées. Les seules réserves qu'il fait portent sur *y, œu, an*.

Tantôt *y* est une voyelle simple qui ne représente pas un son différent de l'*i*, et il se prononce de même dans les mots originaires du grec, dont il transcrit l'upsilon (υ) : *physique, hypocrite, analyse*. Tantôt *y* est une voyelle double équivalant à deux *i* dans le corps d'un mot : *pays* (*pai-is*), *royal* (*roi-ial*), *grasseyer* (*grassei-ier*). Mais cette voyelle double fait en même temps l'office de consonne, c'est-à-dire qu'elle représente une articulation d'une

---

[1] Dans ses nouvelles remarques sur l'orthographe (1872), il renonce à l'emploi de la cédille, et se rallie à l'orthographe *argucie, nacion*.

nature particulière, comme cela est sensible dans la syllabe finale de *roi-ial*, *grassei-ier*, ainsi que dans *vo-yant*, *mo-yen*, *ba-yer*[1].

Darmesteter, reprenant une thèse déjà ancienne, demande que l'*y*, voyelle simple, soit définitivement exclu et remplacé par *i*. On sait que l'Académie a déjà donné plusieurs exemples de cette permutation en admettant *abîme*, *chimie*, *absinthe*, *cristal*, *anévrisme*, etc., au lieu des anciennes formes *abysme*, *chymie*, *absynthe*, *crystal*, *anévrysme*. Doit-elle poursuivre cette réforme jusqu'au bout ? Doit-elle revenir sur ses pas ? Enfin doit-elle s'arrêter au point où en sont les choses, c'est-à-dire laisser subsister l'emploi intermittent de l'*i* et de l'*y* dans des vocables de même provenance? La dernière solution serait la pire des trois. Celle que recommande Darmesteter est, sinon la plus logique, du moins la plus simple ; elle n'atteint qu'une partie du vocabulaire relativement restreinte, et répond à un vœu exprimé par d'éminents écrivains, en particulier par Bossuet ; enfin, comme le remarque Didot, elle met un terme à l'embarras et aux défaillances de mémoire qu'éprouvent bien des personnes, même des personnes instruites, lorsqu'il s'agit d'écrire certains mots ayant des sons identiques : *éclipse* et *apocalypse*, *glyptique* et *triptyque*, *apocryphe* et *logogriphe*, *similaire* et *symétrie*, *sibylle* et *sybarite*, etc.

Toutes ces raisons sont à considérer, et il faut s'y rendre. Mais ce n'est pas sans quelque regret: l'*y* voyelle simple a sa raison d'être, et il indique une source dont la connaissance est souvent nécessaire.

Quant à l'*y* voyelle double ou consonne, dont Darmes-

---

[1] Théodore de Bèze explique ainsi l'introduction de l'*y* consonne dans le corps des mots. « Nos ancêtres, ayant à écrire deux *i*, les marquaient par *ij* : ainsi *plaije*, *loijal*, *moijen*. C'est ce groupe qui a fini par se convertir en *y*, lettre qui n'a rien de commun avec le grec. » (Ch. Livet, *Grammairiens du seizième siècle*, Appendice, II.)

teter ne parle qu'incidemment, on peut en souhaiter l'exclusion sans aucun scrupule : c'est un signe qui a supplanté l'*i* sans motif et sans utilité réelle. L'Académie avait semblé le comprendre ainsi, quand elle remplaça les graphies *bayonnette, fayence, ayeul, payen, nayade, dévoyement, tutoyment* (*tutayement*), par *baïonnette, faïence, aïeul, naïade, païen, dévoiement, tutoiement*. Mais elle en est restée là de sa réforme, et elle continue à écrire *mayonnaise, payer, ayant, moyen, citoyen, noyer, louvoyer*, etc. Pourquoi ne prescrirait-elle pas comme règle absolue la permutation de l'*y* consonne en *i* ? Indépendamment de l'uniformité qui en résulterait pour toute une catégorie de mots, notre conjugaison serait allégée d'une de ses nombreuses complications : *je paie* ou *je paye, nous payons, ils paient, je grasseye, je déploie, vons déployez, j'essuierai, essuyant*, etc.

Pour le tréma dont l'Académie fait usage dans *baïonnette, faïence, aïeul*, etc., il est au moins inutile : ce signe orthographique ne devrait être réservé qu'aux mots où la voyelle double se fait sentir dans la prononciation : *païer* (*pai-ier*), *aïant* (*ai-iant*), *noïer* (*noi-ier*), *essuïer* (*essui-ier*), *abbaïe* (*abbai-ie*), *roïal* (*roi-ial*)[1], etc.

La substitution d'*i* à *y* est surtout un moyen de simplification dans les exemples qui précèdent : elle est une rectification nécessaire dans les deux mots *yeuse* et *yeux*. Darmesteter a raison de réclamer en faveur de leurs formes anciennes, *ieuse* et *ieux*[2] : le premier vient de *ilex*, qui a d'abord donné *ielce ;* le second vient de *oculos*, et s'écrivait dans l'ancienne langue *iols, ieuls*. La restitution de cet *i* initial s'est déjà opérée dans *hièble* et dans *ivraie*, qu'on a écrits longtemps à tort *yèble, yvraie*.

---

[1] La prononciation des diphtongues *ai, oi* (*ay, oy*) a singulièrement varié de tout temps. Voy. Thurot, *Prononciation française*, II, iii et viii. — Rien ne dit qu'elle ne subira pas de nouvelles variations.

[2] Ronsard s'excusait d'écrire *yeux* pour *ieux ;* il le faisait, dit-il, pour éviter la confusion de ce mot avec *jeux*, l'*i* et le *j* étant alors représentés par un même signe.

L'*y* venant à disparaître complètement de notre alphabet, l'orthographe des mots empruntés aux langues étrangères se modifierait en conséquence. Nous en parlerons plus loin[1].

Œ — ŒU — UE

Lartigaut et d'autres avaient réclamé la suppression de la voyelle composée *œu* dans les mots *œuf, bœuf, sœur, vœu, œuvre, nœud*, qui leur semblaient plus simplement écrits, *euf, beuf, seur, veu, euvre, neud :* orthographe qui n'était d'ailleurs qu'une restitution, et qu'on trouve dans le dictionnaire latin-français de Firmin Le Ver, publié vers 1440. Darmesteter renouvelle et appuie cette réclamation ; de plus, il demande que *œ* dans *œil* subisse le même changement. « Ecrivons *euil*, dit-il, ne fût-ce que pour rendre plus simple le pluriel *ieux, ieus.* » En réalité, c'est *ieul* ou *iol* qu'il faudrait écrire, ainsi que le faisaient nos pères ; mais ce serait modifier trop sensiblement un mot des plus usuels. Contentons-nous de la correction conseillée par Darmesteter.

Reste à statuer sur la voyelle composée *ue*, qui sonnait *eu* dans le vieux français : (*buef = bœuf, muete = meute, dueil = deuil, fueille = feuille*), et qui a gardé exceptionnellement ce son dans *orgueil, cercueil, cueillir*. Ainsi écrits, ces mots, qui, d'après une convention toute spéciale, se prononcent comme *cerfeuil* et *veuillez*, devraient se prononcer, d'après la règle, comme *vieillir, réveiller, Rueil.* Cependant Darmesteter estime qu'on pourrait conserver leur orthographe jusqu'à nouvel ordre, à cause de la difficulté que présenterait la combinaison des palatales *c* et *g* avec la voyelle suivante, si on écrivait *ceuillir.* Cette raison n'aurait pas dû arrêter Darmesteter, qui

---

[1] Le Dictionnaire de l'Académie (1878) contient environ 940 mots qui ont un *y :* dans ce nombre, il en faut compter près de 230 où cette lettre est voyelle double ou consonne.

revendique le son dur pour *c* et *g* devant toute voyelle. La difficulté n'existe que pour ceux qui sont d'un avis contraire. Plusieurs avaient songé à la résoudre, soit en remplaçant le *c* par un *k*, *keuillir*, et le *g* par *gh*, *orgheuil*, soit en faisant suivre *c* et *g* d'un *u*, sans souci des quatre voyelles consécutives, *cueuillir*. La meilleure solution est celle de B. Jullien : il conseille de reprendre ici la bivocale *œu* éliminée ailleurs, et qui dans l'espèce rendrait au *c* et *g* le son guttural qu'ils perdent devant *e*. En écrivant *cercœuil*, *orgœuil*, *cœuillir*, comme d'ailleurs on écrit *cœur*, on rétablirait le rapport momentanément troublé entre l'écriture et la parole.

AN — EN

Darmesteter verrait avec peine qu'on touchât aux voyelles composées *ai*, *ei*, *au*, *eau*, *ain*, *ein*, *in* et *en* (dans *bien*, *rien*) « parce que les mots contenant ces sons appartiennent tous à la langue populaire, et parce qu'ils sont trop nombreux et d'un usage trop journalier pour qu'on puisse sans danger troubler des habitudes fortement établies. » Une autre raison qu'il ne dit pas, mais à laquelle il a dû certainement songer, c'est qu'en touchant à ces voyelles on arriverait aux confusions les plus étranges. Supposons, par exemple, qu'en voulant simplifier les choses, on écrive uniformément *min*, *vin*, *plin*, *serin*, *biin*, *crindre*, *pindre*, au lieu de *main*, *vain*, *serein*, *craindre*, *peindre* : comment ces mots se rattacheront-ils à leurs dérivés, *manuel*, *vanité*, *sérénité*, *bénéfice*? Comment expliquera-t-on les féminins *vaine*, *pleine*, *sereine*, et les formes verbales *craignons*, *peignant*? On ne les expliquera pas, disent les empiriques; mais alors les mots n'ont plus de famille, et la langue devient un vrai chaos.

Cependant Darmesteter s'est départi de son principe pour les voyelles *an* et *en*. Comme les plus aventureu novateurs, il demande que l'une de ces deux nasales cède la place à l'autre. « *An* a prédominé pendant tout le moyen âge, dit-il; c'est donc *an* qui doit être exclusivement employé. Les confusions et les difficultés que présente la double notation d'un même son simple seraient ainsi écartées. » Puis il ajoute : « Comme le changement atteindrait un nombre considérable de mots, l'Académie pourrait parer aux inconvénients momentanés de cette simplification en autorisant ad libitum les deux graphies par *an* et par *en*. »

Voilà la proposition. Aux yeux du public et de l'Académie serait-elle justifiée par les raisons qu'on invoque, par les avantages qu'on promet et par le palliatif qu'on imagine? C'est douteux. Rappelons d'abord, avec Darmesteter lui-même, que la prédominance de *an* ne date que du douzième siècle. A l'origine du français, *lingua* a donné *lengue; cingula, sengle; vindemia, vendange; infans, enfent; sine, sens; de-intus, dens*, etc. : c'était la règle. Plus tard, l'écriture a changé avec la prononciation. Soit; nous ne demandons pas qu'on rectifie ces mots qui ont en quelque sorte une possession d'état. Mais, lors même que *langue, sangle, sans, dans, anfant, vandre, sagemant*, auraient été les graphies primitives, serait-ce un motif de proscrire l'*e* originel qui figure dans une foule de mots de la langue actuelle? Sous prétexte de simplification, se déciderait-on jamais à écrire *panser, sant, anfer*, à la place de *penser, cent, enfer*? Il n'y faut pas compter. Cette simplification s'accomplirait au prix de déformations trop nombreuses et surtout trop insolites. Quant à la latitude transitoire entre les deux graphies, elle ne ferait qu'accroître le trouble et perpétuer l'anarchie. Sans doute c'est un défaut de notre alphabet qu'une notation double pour un son unique; mais ce défaut existe dans *ai* et *ei, au* et *eau, ain, ein* et *in*, que Darmesteter est d'avis de laisser intacts pour les

3.

motifs que l'on sait. Or ces motifs sont les mêmes pour la nasale *en* qu'il veut proscrire[1].

Et cependant il y a ici une amélioration possible. Autant la proposition de Darmesteter est excessive et, qu'on nous passe le mot, subversive, autant celle de Didot est raisonnable et modérée. La substitution de *an* à *en*, dont il soumet l'examen à l'Académie, ne porte que sur des suffixes d'une certaine catégorie.

Il rappelle que les mots terminés en *ant* comprennent 1° tous les participes présents sans exception, *aimant, lisant, recevant*, de *amantem, legentem, recipientem;* 2° tous les adjectifs et substantifs dérivés de verbes français formés sur la première conjugaison latine : *fatigant, fabricant, restaurant;* 3° les adjectifs et substantifs issus d'une origine autre que l'origine latine : *agaçant, éblouissant, garant*. En même temps, il remarque que cette désinence tantôt persiste, tantôt disparaît, dans les adjectifs et les substantifs formés sur les trois dernières conjugaisons latines : sans aucun motif apparent, les uns sont terminés en *ant*, par analogie avec la majorité des qualificatifs, les autres en *ent*, par une affinité exceptionnelle avec les formes originelles. On écrit, d'une part, *saillant, mouvant, gérant*, d'autre part, *continent, orient, agent*, bien que tous ces mots dérivent d'une terminaison identique, *saliens, movens, gerens, continens, oriens, agens*. De là une grande incertitude orthographique, à laquelle il serait à la fois opportun et facile de remédier. La désinence *ant* étant à la fois la plus usuelle et la plus ancienne, c'est celle-là qu'il conviendrait d'adopter pour toute cette classe de mots. Alors dispa-

---

[1] On invoque souvent l'autorité de Bossuet, qui écrivait *contant, attantif*, etc. Mais ce n'est pas dans ses manuscrits qu'il faut chercher son opinion sur la matière, c'est dans les discussions qu'il soutint pendant la rédaction du Dictionnaire. Or, dans l'espèce, il pensait qu'on devait retenir *en* partout où il y avait *en* ou *in* en latin : *prendre, enfermer*, etc. Voy. *Cahiers de l'Académie*, art. 1, édition Marty-Laveaux. En général, ce grand et solide esprit est beaucoup moins hétérodoxe en écriture qu'on ne se plaît à le dire.

raîtraient les expédients oiseux imaginés pour distinguer les participes des adjectifs et des substantifs *négligeant* et *négligent*, *excellant* et *excellent*, *présidant* et *président*; alors on n'aurait plus que faire de cette recommandation au moins puérile, d'avoir à différencier par la parole les homonymes *un affluent* et *ils affluent*, *un expédient* et *ils expédient*, *un résident* et *ils résident*. Quel allégement pour la grammaire! Quelle économie de temps et de peine pour ceux qui l'enseignent et pour ceux qui l'apprennent!

Il va sans dire que la réforme ne s'appliquerait pas aux mots qui empruntent leur orthographe soit à leur propre radical, *dent*, *argent*, *auvent*, *content*, soit à un suffixe latin d'une signification particulière, *sanguinolent*, *supplément*, *sagement;* ce qui est l'écriture de l'ancienne langue.

En revanche, et par une conséquence toute naturelle, elle s'étendrait à tous les substantifs terminés en *ence*, formés d'un qualificatif réel ou supposé en *ent : prudence*, *éloquence*, *innocence*, *providence*. En effet, ces graphies n'auraient plus leur raison d'être du jour où l'on écrirait *prudant*, *éloquant*, *innoçant*, et logiquement elles se changeraient en *prudance*, *éloquance*, *innoçance*, *providance*, changement qui d'ailleurs a ses précédents dans la langue : on sait que *naissance*, *résistance*, *suffisance*, proviennent de *nascentia*, *resistentia*, *sufficientia*. Bref, *ance* serait la terminaison uniforme et générale des substantifs; *ence* ne serait conservé qu'à titre d'exception dans ceux qui sont formés en dehors d'un suffixe verbal, *démence*, *violence*, *faïence*, ou dans certains noms propres, *Mayence*, *Térence*.

Inutile d'ajouter que les adverbes de manière subiraient une modification analogue. *Prudemment*, *patiemment* deviendraient *prudamment*, *patiamment*, en conformité des nouvelles graphies *prudant* et *patiant*.

Prudant, prudance, prudamment, ces trois mots résument la règle qu'il s'agirait d'adopter. Circonscrite dans ces limites, la substitution, de *an* à *en* est une réforme raisonnable et même utile. Mais vouloir l'étendre au delà, en faire une prescription applicable à tous les cas, ce serait, nous le répétons, introduire l'anarchie dans le vocabulaire, ce serait ouvrir la brèche aux envahissements du phonétisme.

M DEVANT UNE LABIALE

Pour en finir avec les voyelles nasales, il est une concession qui pourrait être faite aux phonétistes. En latin, comme en grec, l'*m* était employée à la place de l'*n* par accommodation, c'est-à-dire par une sorte d'attraction phonique devant les labiales *b* et *p : impleo, cymbalum, amphitheatrum, bombyx ;* et elle se faisait sentir dans la prononciation. Chez nous, les digrammes *am, em, im, om,* devant *b* et *p,* ont le son absolument nasal de *an, en, in, on.* On pourrait renoncer à cette accommodation toute conventionnelle, et écrire *enplir, synbole, conplaire, tonbe*[1]. Mais l'emploi de *m* devant une labiale est une règle si simple et si absolue, qu'il est peut-être préférable de ne rien changer à ce qui est ; à la condition toutefois de rectifier l'orthographe tout à fait anormale du mot *embonpoint.* Comme le remarque Pautex, il faudrait observer ou violer la règle complètement, il faudrait écrire *embompoint* ou *enbonpoint.*

---

[1] Quelquefois les Latins renonçaient à l'accommodation : on trouve dans les inscriptions, *conburo, inperium,* etc.

§ II. — **Lettres inutiles.** — **Consonnes redoublées.**

Nous avons parlé précédemment des lettres dites inutiles : c'est un mot sur lequel il importe de bien s'entendre, si l'on veut arriver à des simplifications logiques et à des amendements légitimes. Dès le quinzième siècle et même auparavant, tandis qu'on retranchait dans quelques mots un élément essentiel, par exemple le *d* final de *nu* (*nudus*), le *t* final de *court* (χόρτος, *curtis*), et de *coi* (*quietus*), on introduisait dans beaucoup d'autres des lettres entièrement parasites. Ainsi l'on écrivait *debvoir*, *recepvoir*, *nuict*, *faict*, etc., sans s'apercevoir que le *b* et le *p* de *debere* et de *recipere* étaient déjà représentés par le *v*, et que le *c* de *noctem* et de *factum* avait trouvé son équivalent dans l'*i*. On commettait la même faute en employant *aultre*, *paulme*, *chevaulx*, l'*l* de *alter*, *palma*, *caballos*, étant déjà convertie en *u* par vocalisation. On faisait un fréquent usage de l'*s* médiale, uniquement pour indiquer l'allongement des syllabes : *throsne*, *thesme*, *aisle*. On ajoutait sans motif plausible un *g* à *un*, *témoin*, *besoin* (*ung*, *témoing*, *besoing*)[1].

Les accents étant employés arbitrairement, la voyelle accentuée était quelquefois remplacée par une voyelle double : *nay* pour *né*, *je meine* pour *je mène*.

L'Académie a corrigé peu à peu ces graphies fautives ; mais son œuvre est inachevée. On a critiqué plus haut l'emploi irrégulier de l'*y* initial (*yeux*, *yeuse*), celui de l'*x* final (*paix*, *voix*, *peureux*, *genoux*, etc.), celui de l'*h*

---

[1] Dès le temps de Sylvius, c'était une opinion répandue qu'il fallait écrire *ung*, pour que *un* (*vn*) ne fût pas confondu avec le chiffre romain vii. Cette graphie a sans doute entraîné celle des autres nasales, *soing*, *besoing*, *témoing*, à moins que ces mots n'aient été écrits ainsi par imitation de *loing* (*longe*), *maling* (*malignus*).

(*heur, bonheur*). Entre autres errata, Darmesteter signale
encore à l'attention des législateurs trois mots surchargés
de lettres que réprouve l'étymologie : *poids, mets* et *legs,*
rattachés faussement à *pondus,* à *mettre,* à *léguer,* et qui
devraient s'écrire *pois, mes, lais,* comme étant formés
de *pensum (pesum),* de *missum,* et de *laisser.* Joignons-y
faulx, variante incorrecte de *faux, pouls, puits, contrain-
dre, dompter,* qu'il faudrait ramener à leurs formes
primitives, *faus, pous, puis, contreindre, domter* ou *donter,*
ainsi que bien d'autres mots que nous signalerons à
l'occasion des consonnes redoublées.

A côté des intercalations vicieuses, on avait introduit
des lettres destinées à rappeler le lien étymologique,
mais qui apportaient une surcharge souvent pénible,
quelquefois scabreuse : ainsi l'*a* dans *aage,* l'*e* dans
veu, piqueure, le *p* dans *nopce, niepce,* l'*n* dans *prins,* l's
dans *teste, espée.* L'Académie a rejeté de bonne heure ces
voyelles et ces consonnes encombrantes, qui menaçaient
à la longue d'altérer la vraie prononciation, *âge, piqûre,
noce, pris, tête.* Ce travail d'allègement demande à être
poursuivi. Il y a certainement une voyelle à retrancher
dans *paon, faon, Saône, taon, août.* Le *g* pourrait tomber
dans *doigt* et dans *vingt,* comme il est tombé dans *froid,
roide, trente, quarante.*

Toutefois il ne faudrait pas s'engager trop avant dans
cette voie. Quelques néographes réclament l'élimination
du *p* dans *baptiser, sculpter, promptitude :* ils craignent
que ces mots, en retenant la lettre étymologique, ne se
prononcent un jour comme *capter, corrupteur, aptitude.*
La chose n'est pas impossible, mais elle est peu probable.
Toute variable qu'est la prononciation, et bien qu'elle
subisse en beaucoup de cas l'influence de l'écriture,
il est des traditions d'usage dont elle ne s'écarte guère.
M. L. Havet affirme qu'on prononce déjà *som'met, an'née,
scul-pteur, prom-pte, cink fran;* et, partant de cette asser-

tion tout au moins risquée, il suppose que dans un avenir prochain on articulera *sept'franks, diks doikts*, tout comme on articule *Artz, Kirchthurmsknopf*, sur les bords de la Sprée[1]. Sa supposition est toute gratuite et contredite d'avance par le tempérament français.

Quoi qu'il en soit, les corrections faites et à faire ne satisferont pas, nous le savons, le groupe des phonétisants, qui regardent toute lettre muette ou dormante comme une lettre inutile. Suivant eux, *s* dans *vertus*, *e* dans *jolie*, *ent* dans *aiment*, peuvent avoir une signification grammaticale, mais n'ont aucune valeur phonétique : ce sont autant de signes à supprimer. A plus forte raison voudraient-ils rejeter les lettres finales indispensables pour la dérivation.

Les finales devenues muettes, dit Darmesteter, donnent au mot sa physionomie propre et l'achèvent, et on ne peut y toucher sans altérer la langue. Il faut les conserver, sans se préoccuper des rapports de la graphie à la prononciation, parce que, si on voulait être exact, on arriverait à des complications extraordinaires : on écrirait *un gran garçon, un grant enfant, une grande fille ; ils sont si frères, ils sont siz enfants, ils sont sis*[1]. Il faut les conserver, parce qu'elles expliquent le plus souvent la dérivation : la finale de *trait* reparaît dans *traiter*, de *plomb* dans *plomber*, de *succès* dans *successeur*, de *gris* dans *grisâtre*, de *berger* dans *bergère*, de *bonnet* dans *bonnetier*, de *pot* dans *potée* [2].

Ce raisonnement est inattaquable. Mais on le sait, pour les partisans de l'écriture dite rationnelle, il n'y a

---

[1] *Revue bleue*, 23 novembre 1889.

[2] *Plafonner*, incorrectement formé de *plafond*, est une exception à la règle. Par contre, on peut citer l'intercalation d'un *t* euphonique dans certains dérivés. *Abri, bijou, clou*, ont donné *abriter, bijoutier, cloutier*, au lieu de *abriier, bijouier, clouier*. Il est d'autres dérivés où rien ne justifie l'intercalation du *t*, le simple se, terminant par une autre consonne : par exemple dans *juteux, éreinter, tabatière*, qui viennent de *jus, rein, tabac*. Nos pères écrivaient avec plus de logique *éreiner* ou *éréner, tabaquière*. Sur cette particularité philologique et autres interpolations analogues, voyez Brachet, *Dictionnaire étymologique*, pages xci et 155.

ni tradition, ni analogie, ni grammaire, ni logique ;
pour eux le dernier mot du progrès est dans ce spécimen
souvent cité :

> S'et an vin q'ô Parnase un témérer ôteur
> Panse de l'ar dé vers attindre la hôteur.

Quand nous disons le dernier mot, nous nous trom-
pons ; aux yeux des niveleurs de l'orthographe, Marle et
Féline sont des timides ; un pur phonétiste doit écrire
katrom (*quatre hommes*), *ilzème* (*ils aiment*), *bozanimo*
(*beaux animaux*). En présence d'un pareil grimoire, toute
discussion devient oiseuse, et nous sommes confus d'y
revenir si souvent.

Un cas qui se rattache à la règle précédente, c'est
l'orthographe du mot *temps* et des substantifs et adjectifs
pluriels en *ant* et *ent*, *enfants*, *méchants*, *moments*. Que
la graphie la plus ancienne soit *tems*, *tens* ou *tans*, *enfans*,
momens, cela ressort clairement de la lecture des manuscrits. Mais l'Académie n'a pas vu là un motif déterminant pour la conserver. Après avoir hésité entre les
deux orthographes, elle a opté définitivement en 1835
pour celle du seizième siècle. Quelques publicistes plus
ou moins considérables ont réclamé et réclament encore
aujourd'hui contre cet arrêt en faveur de l'ancienne
écriture, *tems*, *enfans* ; c'est la revendication que soute-
nait Voltaire à l'encontre de Dumarsais ; il n'est pas
probable que le procès qu'il a perdu soit gagné en appel
par les écrivains ou plutôt par les imprimeurs de la
Revue des Deux-Mondes [1]. Darmesteter ne se mêle pas à la
controverse ; mais son sentiment ne saurait faire doute
après les raisons qu'il vient d'exposer à l'occasion des
lettres finales. En vain on arguë de cette vieille règle :

Sur cette question, on lira avec intérêt la polémique engagée entre Génin
(*Récréations philologiques*, I, 22) et Fr. Wey (*Remarques sur la langue fran-
ç ise*, CCCLI).

un mot ne peut jamais finir par trois consonnes muettes.
Elle est transgressée fréquemment sans que l'euphonie
en souffre : *corps, exempt, rends, prompt, verts*, etc. L'orthographe de *temps* est donc bonne en soi, et elle a
l'avantage d'expliquer la dérivation, *temporel, contempo-
rain*, comme celle de *corps* explique *corporel*. La terminaison de *moments, enfants, prudents*, est également
normale, et nous épargne une nouvelle exception dans
la formation du pluriel[1].

Il est bien vrai, comme on l'objecte, que certains mots
de la langue usuelle, même après la rénovation graphique du seizième siècle, ont perdu une ou plusieurs
lettres originelles ; et les néographes modernes s'en font
un argument contre les partisans de l'orthographe
étymologique. Ainsi, de ce que l'*h* est tombée dans *cha-
ractère*, et le *g* dans *congnoistre*, ils en concluent à la
suppression en bloc de toutes les lettres étymologiques.
Ch. Nodier, linguiste médiocre, mais homme de sens et
d'esprit, leur répond plaisamment par un souvenir
personnel : « Le temps, dit-on, a introduit dans notre
orthographe des modifications à travers lesquelles ont
disparu les traces de l'étymologie. Je n'en disconviens
pas ; mais cette objection me rappelle celle d'un certain
Grec que je trouvai un jour occupé à renverser des
colonnes corinthiennes pour y scier des meules : « De
« tout temps, me dit-il, mes aïeux ont fait des meules
« avec ces colonnes ; et, puisqu'elles sont destinées à
« devenir meules, elles ne sauraient l'être trop tôt. »
Cet homme croyait bien raisonner, et il le croit encore ;
car je ne lui répondis pas. J'aurais perdu ma peine à lui
faire comprendre que le but de l'architecture n'est pas
de faire des meules. C'était un barbare[2]. »

---

[1] Elle n'admet d'exception que pour *gens* et *tous*, E. Dolet, étymologiste
comme les Estienne, imprimait *gents* et *touts :* il était conséquent. Corneille écrivait *touts.*

[2] *Variétés littéraires*, LI.

Pour recourir à une autre comparaison, il en est des mots comme des monnaies. De ce que quelques-uns ont perdu leur relief par le frottement et par l'usure, est-ce une raison pour ne pas laisser aux autres leur effigie, c'est-à-dire les signes qui indiquent leur provenance et leur valeur?

C'est encore au chapitre des lettres dites inutiles que se rattache la question tant de fois agitée des consonnes redoublées. Darmesteter, comme Didot, voudrait qu'on en finît une bonne fois avec ce redoublement, qui est une cause d'indécision et de méprise même pour les lettrés, et qu'on écrivît comme au moyen âge, *abé, acourir, éfet, corespondre, diférent, remètre, sote, bèle, nète,* au lieu de *abbé, accourir, effet, sotte, belle, nette,* etc. Plus d'un grammairien, avant eux, avait exprimé le même souhait. Il nous serait difficile d'y souscrire sans réserve.

Le vice de la réforme proposée est d'être trop radicale et de confondre des espèces qui doivent être distinguées. *Abbé* vient de *abbatem,* mot d'origine syriaque : qu'on l'écrive *abé* comme dans la vieille langue, nous n'y voyons ni avantage ni inconvénient, pas plus que pour les mots de semblable provenance, *sabbat, rabbin.* Mais, à l'exemple de Dumarsais, nous ne nous lasserons pas d'invoquer la loi étymologique en faveur de l'orthographe *accourir, effet, correspondre, différent, remettre, permission, malléable, pittoresque,* où l'une des consonnes redoublées est partie intégrante et constitutive du mot. Cette loi avait été posée et généralement suivie dans les cahiers de 1694; mais, en 1740, l'Académie à commencé à l'enfreindre en admettant après coup *apercevoir, alourdir, aplanir, agression, coreligionnaire, appeler, jeter.* L'Académie a eu tort d'entrer dans cette voie, et nous pensons qu'au lieu d'y persévérer, elle devrait revenir sur ses pas. Ne lui est-il pas arrivé déjà de se corriger elle-même ? par exemple, de supprimer les variantes *acoquiner*, *attérir*, etc., pour revenir aux seules formes correctes *accoquiner*, *atterrir* ? L'édition de 1878 offre plusieurs rectifications de ce genre[1].

L'objection qu'on fait contre la règle est toujours la même : pourquoi écrire une lettre qu'on ne prononce pas ? Mais tout à l'heure, à propos des consonnes finales de *plomb*, *grand*, *drap*, et des voyelles nasales *ain* et *ein*, nous avons vu que Darmesteter faisait justice d'un pareil argument et qu'il le renvoyait pour ce qu'il vaut à l'école des phonétistes ; or il ne vaut pas plus dans un cas que dans l'autre. Et puis où cela nous conduit-il ? Le redoublement des consonnes, disent Didot et Darmesteter, subsistera là seulement où la parole le fait sentir : *attique*, *courrai*, *horreur*, *allaiter*, *illusion*, *annihiler*. Mais à ce compte il faudra écrire *littéraire*, *sommation*, *correct*, *appétence*, *annuel*, après avoir écrit *lètre*, *assomer*, *coriger*, *apétit*, *anée* ; il faudra absoudre l'Académie d'avoir admis les graphies contradictoires, *nullité* et *annuler*, *pelle* et *pêle-mêle*, *bannir* et *banal*, *tanner* et *tanin*. Où s'arrêteront ces antilogies ? Comment retrouvera-t-on le lien commun entre les mots de la même famille ? et que deviendra l'unité de la langue ? Rappelons d'ailleurs que la prononciation n'a pas toujours la fixité voulue pour faire loi. A en croire Didot, on articule *a-teindre* et *at-taquer*. Là où Darmesteter dit *tyra-neau*, Littré et bien d'autres disent *tyran-neau*. A son tour, Littré indique, sans doute par inadvertance, les notations disparates

---

[1] Un des plus illustres titulaires du quarante et unième fauteuil, écrivain très soucieux du pittoresque et de la forme, Th. Gautier, regardait ce mouvement en arrière comme un véritable progrès : « Pour moi, disait-il à un néographe de ses amis, je me déclare partisan de l'orthographe la plus étymologique possible : j'écrirais volontiers *primtemps* au lieu de *printemps*, » En cela il aurait eu tort ; mais, s'il avait eu voix au chapitre académique, il aurait sans aucun doute demandé le rétablissement de *correligionnaire*, *appercevoir*, etc. Et pourtant Th. Gautier était tout l'opposé d'un pédant ou d'un rétrograde.

tè-reur et *ter-rible*, *gra-mairien* et *gram-matiste*, *di-section* et *dis-séquer*, mots qu'on n'a pas l'habitude de distinguer en parlant. En dehors des prescriptions émanant de la lexicographie, *allure* et *alure*, *effroi* et *éfroi*, *effréné* et *éfréné* sont des prononciations également reçues. A laquelle l'écriture se conformera-t-elle ? La méconnaissance d'une règle fixe ne peut qu'aboutir au désarroi et au caprice : cette règle consiste à conserver le redoublement des consonnes partout où il rappelle l'origine et la formation des mots ; appliquons-la donc en écrivant *lettre* de *littera*, *effet* de *effectus*, *commander* de *commendare*, etc.[1].

En revanche, il y a des cas où il est nécessaire de le supprimer. Rien ne le motive dans *donner*, *sonner*, *honneur*, *pomme*, *ennemi*, *chandelle*, *échelle*, *pelle*, *battre*, *amulette*, *squelette*, etc. L'altération de ces mots remonte au treizième siècle ; la Renaissance a eu tort de ne pas les corriger, comme elle corrigeait *huille*, *argille*, *tisanne* et autres. Il appartient à l'Académie de revenir aux graphies primitives, *doner*, *soner*, *couroner*, *honeur*, *pome*, *enemi*, *chandèle*, *échèle*, *batre*, *échaper*, régulièrement formées de *donare*, *sonare*, *honor*, *pomum*, *candela*, *batuere*, *capa (chape)*. Elle rétablira ainsi la relation de ces mots avec leurs dérivés, *donation*, *résonance*, *honorable*, *chandelier*, *échelon*, *bataille*, *coronal*, *inimitié*, *Pomone*[2]. C'est

---

[1] Les consonnes redoublées sont en usage à peu près partout, en allemand, en anglais, en italien, en espagnol, etc., où elles se font sentir plus ou moins dans la prononciation. Nous ignorons si elles sont atteintes par les projets de réforme orthographique qui s'agitent en ce moment chez nos voisins.

[2] C'est la règle que paraissait vouloir suivre Montaigne. Dans les instructions qu'il a données pour l'impression de ses œuvres, il indique les graphies *come* (*quomodo*), *comencer* (*cum-initiare*), *différent* (*differens*), *home*, *fame*. — Plusieurs néographes conseillent de reprendre l'écriture de ces deux derniers mots, qui se rencontrent dans les plus anciens textes du moyen âge. Mais il faut remarquer que les formes *homme* et *femme* sont tout aussi anciennes (voyez Littré, à l'historique de ces mots), et que, de plus, elles se rattachent à un procédé assez habituel de création populaire : *hom(i)nem*, *fem(i)na*; cf. *somme* — *somnus*, etc. Il y a donc lieu de conserver l'orthographe en usage, bien qu'elle ne se reproduise pas dans certains composés et dérivés, *homicide*, *femelle*, etc. Les yeux auraient de la peine à s'en déshabituer.

ce qu'elle a déjà fait en remplaçant la forme vicieuse *éclopper* par *écloper* (*cloper*, *clopin*).

Un autre avantage de cette réduction de lettres, ce serait de simplifier la grammaire sur deux points.

Qu'on laisse subsister les consonnes jumelles dans les noms et les adjectifs féminins, *chatte*, *nulle*, *belle*, rien de mieux : ce redoublement s'accorde avec l'étymologie. Mais pourquoi continuerait-on à écrire *lionne*, *vigneronne*, *bonne*, *chrétienne*, *mortelle*, *muette*, *sotte*, quand l'application de la règle générale demande simplement l'addition de l'*e* au masculin, *lione*, *vignerone*, *bone*, *chrétiène*, *mortèle*, *muète*, *sote*? Le féminin ne se formait pas autrement dans l'ancienne langue; *bone*, *bele*, *chrestiene* est l'orthographe courante dans la *Chanson de Roland*[1].

Appeler, *jeter*, pour *appeller*, *jetter* et autres verbes semblables, sont des irrégularités orthographiques qui ont subi l'épreuve du temps. D'accord; mais il n'est pas bien utile de greffer une exception sur une exception, et de rétablir la consonne supprimée dans *j'appelle*, je *jetterai*, quand on écrit simplement et régulièrement *j'épèle*, *j'achèterai*. Les grammaires citent, d'après l'Académie, un certain nombre de verbes en *eler* et en *eter* qui prennent, les uns la consonne double, les autres l'accent grave devant une syllabe muette; or l'énumération qu'elles donnent est incomplète. Il est plus de cinquante verbes qu'on ne sait comment conjuguer, faute d'indication. Doit-on écrire je *caquette* ou je *caquète*, je *bosselle* ou je *bossèle*, je *banquette* ou je *banquète*, etc? Le Dictionnaire officiel n'en dit rien. Ce serait une excellente mesure de décréter la suppression de la consonne double

---

[1] Voyez l'édition de L. Gautier, vers 59, 86, 445, 925, 984, 3987, etc.

On a cherché à justifier le redoublement de la consonne par l'ancienne prononciation, qui était entièrement nasale. On écrivait *bonne*, *donner*, parce qu'on prononçait *bon-ne*, *don-ner*, de même qu'au temps de Molière on prononçait encore *gran-maire*. Mais cette raison n'explique pas les graphies *sotte*, *muette*, *mortelle*, et tant d'autres. Elles sont contraires à la prononciation comme à l'étymologie.

dans tous ces verbes. Cette complication disparue, il n'en restera que trop encore dans nos conjugaisons.

Autre singularité. Dans certains mots, l's se redouble après les préfixes *de* et *re* : *dessécher, desservir, ressusciter.* La première de ces deux consonnes est « une lettre de prononciation », disent les lexicographes ; ce qui signifie qu'elle a pour objet de maintenir le son sifflant dans toute sa force. Mais ce son fort existant dans les mots simples *sécher, servir, susciter,* il va de soi qu'il se reproduit de lui-même dans les composés ; nous en avons déjà fait la remarque à propos de *préséance, parasol, désuétude.* Régulièrement on devrait écrire *désécher, déservir, résusciter,* comme on écrit *décrier, défaire, répartir.*

Mais voici qui est plus étrange. Cette même *s* dite de prononciation se redouble encore quand les préfixes *de* et *re* sont muets : *dessus, dessous, ressort, ressource, ressaisir, resservir.* Or tout condamne ce redoublement : l'épellation la plus élémentaire, en vertu de laquelle on serait tenu de prononcer *des-sus, res-sort, res-saisir,* comme on prononce *essaim, essayer ;* l'analogie, qui veut qu'on écrive *resaisir, resortir,* comme on écrit *resucer, resaluer ;* enfin la tradition, qui nous présente les graphies *desus, desous,* comme les plus anciennes[1].

Au reste, nous n'en avons pas fini avec les discordances et les bizarreries qu'amène le redoublement des consonnes soit dans les radicaux, soit dans les affixes. L'Académie a unifié l'orthographe des mots *assonance, consonance* et *dissonance, emmailloter* et *démailloter, bourrellerie* et *chapellerie, ficelier* et *tonnelier ;* mais elle continue à écrire, en dépit de la logique et contrairement à ses précédents : *siffler, souffler,* et *persifler, boursoufler ;*

---

[1] B. Jullien propose, comme moyen terme, d'écrire *de-sus, de-sous, re-sort, re-saisir,* etc. C'est un abus du tiret, qui joue déjà un trop grand rôle dans notre langue écrite. Voy. page 63 et suivantes.

— *sottise* et *assoter ;* — *follet* et *folâtre ;* — *barre, barrer, barrage,* et *baril, baraque ;* — *pensionnat* et *diaconat ;* — *grelotter, trotter, garrotter, ballotter,* et *dorloter, grignoter, gigoter ;* — *calotte, carotte, gibelotte,* et *papillote, compote, camelote ;* — *barcarolle* et *banderole ;* — *millionnaire* et *millionième ;* — *cannelle* et *cannelier ;* — *battre, abattre, abattoir, abattement,* et *bataille, abatis, abatage ;* — *bonhomme, prudhomme,* et *bonhomie, prudhomie ;* — *charrette, charrue,* et *chariot ;* — *colonne* et *colonel ;* — *trappe* et *attraper ;* — *courrier* et *coureur ;* — *tutelle* et *clientèle ;* — *tabletterie* et *marqueterie ;* — *capitonner* et *cancaner ;* — *lunettier, vermicellier,* et *gazetier, chapelier ;* — *sablonneux* et *limoneux ;* — *baronnie* et *félonie ;* — *bâtonnier, cordonnier, vannier, marronnier,* et *nautonier, marinier, bananier ;* — *renouvellement* et *écartèlement ;* — *dénommé* et *innomé ;* — *patronner* et *patronage ;* — *collaborateur* et *colicitant ;* — *fanfaronnade* et *cantonade ;* — *tonner* et *détoner, houppe* et *éhouper,* etc. [1].

On le voit, le désordre est à son comble, et l'étude du vocabulaire devient un véritable cassé-tête: une règle uniforme est nécessaire et une révision d'ensemble impérieusement commandée. Si, comme on lui en donne le sage conseil, l'Académie doit opérer graduellement les modifications qu'elle jugera acceptables, c'est par la correction de ces anomalies qu'elle devra commencer.

---

[1] Nous empruntons une partie de ces exemples à la liste donnée par B. Paulex. Plusieurs des inconséquencees énumérées par ce laborieux publiciste ont été corrigées dans l'édition de 1878 ; mais les quelques citations qui précèdent montrent qu'il reste encore beaucoup à rectifier.

§ III. — **Signes orthographiques.**

L'emploi de ces signes (cédille, apostrophe, accents, trait d'union) réclame aussi un remaniement dans le vocabulaire.

L'usage de la cédille est nettement défini, et l'on s'étonne que l'Académie persiste à écrire *douceâtre* au lieu de *douçâtre*. Nous avons parlé plus haut (voyez pages 37 et 40) de l'extension qu'on pourrait donner à l'emploi de ce signe orthographique.

Il semble que l'apostrophe pourrait être omise sans inconvénient entre deux mots qui sont pour ainsi dire soudés par la coutume comme par la pensée, *entr'ouvrir*, *presqu'île*, et surtout dans *grand'mère, grand'peine*, où les grammairiens du dix-septième siècle ont considéré à tort l'adjectif *grand* comme une abréviation de *grande*.

Le tréma est indispensable sur *i* et sur *u*, ainsi que sur *e* final, pour indiquer que ces voyelles se détachent de la précédente : *haïr, Saül, ciguë*. Mais il n'est pas plus utile sur l'*e* médial de *noël* qu'il ne l'était dans *moelle, poêle, poème*, où il a été supprimé ou remplacé par un accent. Quant au tréma sur l'*i*, nous en avons signalé l'emploi abusif dans *faïence, baïonnette*, etc. On le comprend mieux dans *iambe*, où l'*i* forme une syllabe ; mais pour ce motif, il devrait se trouver dans *iode, ionique*, et en général partout où il s'agit de distinguer les dissyllabes, *reni-a, boucli-er, di-urne*, des simples diphtongues, *dia-ble, pier-re, pio-che*. Cette règle, réclamée par la société néographique de Lausanne, vaut la peine qu'on l'examine. B. Jullien pense qu'on pourrait encore utiliser le tréma sur les consonnes finales qui se font entendre : *fat, froc*, etc. Ce serait mésuser de ce signe orthographique exclusivement affecté aux voyelles : inconvénient réel en échange d'un douteux avantage.

L'accent circonflexe a une double fonction. Ou il marque la suppression d'une ou plusieurs lettres : *âge* (*eage, aage*), *dénûment* (*dénuement*), *tête* (*teste*), *rôle* (*rotolo, rouler*), *âme* (*anme*), *monôme* (contracté de *mononome*) ; ou il indique simplement que la voyelle accentuée se pro- nonce longue : *âcre, bâche, dôme ;* et, même dans ce der- nier cas, il altère des voyelles qui de leur nature étaient brèves : *pôle* (de *pŏlus*), *pâtir* (de *păti*), D'ordinaire, la réduction des lettres amène l'allongement de la syllabe, comme dans *âme, tête*, etc. ; mais il se produit des excep- tions : dans *hôpital, râteau, brûler, aimâmes, aimâtes, aimât*, la syllabe réduite et accentuée se prononce brève. Il nous semble qu'on arriverait à une simplification désirable en enlevant à l'accent circonflexe un de ses deux emplois et en le réservant uniquement comme signe modificatif du son, ce qui est l'office de l'accent grave et de l'accent aigu. Il servirait à distinguer pour l'oreille *axiôme, fête, châle, côte, trône, flâmme*, etc., de *économe, complète, morale, pelote, monotone, gramme*. C'est la pro- nonciation, à défaut de l'étymologie, qui marquerait la différence entre *pôle* et *polaire, pâtir* et *patience, infâme* et *infamie, côte* et *coteau, tâtonner* et *tatillon*, etc. Mais *baptême, jurâmes, dîme, bûche, gaîment*, pourraient se passer du circonflexe tout aussi bien que *problème, rames, crime, ruche, aimant*, qui offrent exactement les mêmes consonances. C'est ainsi que *chute, joute, otage, meunier*, etc., ont perdu cet accent, dont ils étaient marqués anté- rieurement à 1835.

On ne s'explique guère qu'il reste sur le participe *crû*, de *croître*, quand il a disparu du substantif *cru* (*cru* de Bourgogne), qui est identiquement le même mot. Bref, de deux choses l'une : ou l'Académie consacrera la prononciation usuelle en conservant, par dérogation à la règle, le circonflexe sur des mots comme *pâtir*, *âcre*, *théâtre*, *pôle*, *binôme;* ou elle décrétera un changement de prononciation dans ces mêmes mots, pour donner satisfaction à l'orthoépie. Ce dernier parti est certainement le plus rationnel; mais contre des habitudes invétérées, il aurait peu de chance de succès.

L'Académie a substitué l'accent grave à l'accent aigu dans les mots *sève*, *piège*, *collège*, *assiège*[1]. On la blâme de n'en avoir pas fait autant pour les formes verbales *dussé-je*, *puissé-je*, *aimé-je*, parce qu'il est de règle, dit-on, que tout *e* sonore sur la pénultième suivie d'une syllabe muette prenne l'accent grave. Mais cette prétendue règle n'a rien de nécessaire, et elle est contredite par les faits : on écrit *je récrée*, *il maugrée*, *simagrée*. L'Académie n'a fait que sanctionner le bon usage en fermant l'*e* final des verbes devant l'enclitique *je*.

Ce qu'on pourrait lui reprocher plus justement, c'est de se contredire elle-même dans l'emploi des accents. Lorsque, contrairement à la dérivation et à l'analogie, elle écrit *côte* et *coteau*, *mêler* et *mélange*, *frêle* et *frelon*, *religieux* et *irréligieux*, *rebelle* et *rébellion*, *tenace* et *ténacité*, *serein* et *sérénité*, etc., elle ne fait, nous l'avons dit, qu'enregistrer la prononciation courante; mais il n'en est pas de même quand elle accentue *événement* et *avènement*, *je céderai* et *je mènerai*, *il plaît* et *il tait*, *assidûment* et *poliment*, *latrie* et *idolâtrie*, *règlement* et *réglementer*, *salpêtre* et *glossopètre*, etc. Dans les expressions passées directement du latin au français, l'accent disparaît d'une façon tout à fait capricieuse : *nota benè* et *optime*, *meâ*

---

culpâ et *vice versa*, etc. L'*angélus* est quelquefois écrit l'*angelus*. M. Ayer, qui relève ces négligences, signale aussi la graphie *énamourer* pour *enamourer* (comparez *eñivrer*, *enorgueillir*) [1] ; mais il ne faut voir là sans doute qu'un lapsus typographique.

Enfin rappelons que, par suite d'une convention relativement récente, l'accent grave s'emploie encore pour distinguer certains homonymes : *la* et *là*, *ou* et *où*, *des* et *dès*, etc. [2].Cette dualité de fonctions, que nous avons déjà critiquée dans le circonflexe, ne fait qu'accroître les embarras de lalangue écrite. Qu'il soit donc convenu que les signes appelés accents en français ne devront servir qu'à indiquer un changement dans le son, et proscrivons-les partout où ils ne remplissent pas cet emploi.

Partant de ce principe, Beauzée aurait voulu étendre l'emploi des accents à la notation de toutes les différences et même des nuances de la prononciation dans les mots qui ont la même orthographe. Le système qu'il expose à ce sujet est savant et ingénieux ; mais il aboutit à une surabondance de signes qui deviendrait une fatigue pour l'écrivain comme pour le lecteur. Et puis, là encore, les divergences de prononciation amèneraient plus d'une fois des désaccords de notation. Nous nous étonnons que B. Jullien ait repris l'idée pour son compte [3].

Le trait d'union ou tiret, remarque Didot, n'a paru dans nos livres qu'en 1573. L'abus qu'on en a fait depuis contraste singulièrement avec l'usage restreint qu'en font nos voisins. Cet abus serait peut-être tolérable, s'il

---

[1] La faute a déjà été faite dans le mot *dorénavant*, auquel on aurait mieux fait de laisser son ancienne orthographe : *dorenavant* (*d'ores-en-avant*).

[2] C'est Dolet qui imagina cette notation diacritique. Il fut mieux inspiré quand il borna l'emploi de circonflexe à l'indication de voyelles longues.

[3] Appliquée dans une juste mesure, la notation recommandée par Beauzée peut rendre de réels services aux étrangers. Un grammairien français en a tiré parti, dit-on, pour l'enseignement de notre langue en Angleterre. Mais il est bien entendu que ce n'est là qu'un expédient.

était soumis à des lois déterminées ; il n'en est rien. Ainsi tout semble livré au hasard dans les mots dits composés ou juxtaposés. Nous écrivons *eau-de-vie* et *eau de rose*, *poix-résine* et *pierre ponce*, *arc-en-ciel* et *arc de triomphe*, *au-dessus*, *au-dessous*, et *au dedans*, *au dehors*, *tête-à-tête* et *face à face*, *saint Jean* et *la Saint-Jean*, etc. La liste de ces contradictions serait interminable. Darmesteter, dans un traité spécial sur les mots composés, a repris et complété tous les arguments de Didot, et, pour rompre avec cette orthographe discordante, il a proposé la règle suivante : 1° réunir et en quelque sorte agglutiner les mots composés ou juxtaposés, toutes les fois que cette réunion est possible ; 2° supprimer le trait d'union dans tous les autres. Or l'agglutination est possible dans la plupart des mots composés par apposition ou par dépendance, surtout dans ceux qu'un long usage a consacrés. *Bas-fond*, *chat-huant*, *gomme-gutte*, *porc-épic*, *bas-bleu*, *terre-plein*, se souderaient avec ou sans modification orthographique tout aussi facilement que *plafond*, *chafoin*, *piédestal*, *patenôtre*, *chaufour*, *salpêtre*. L'agglutination est surtout possible et désirable dans les expressions dont le premier élément est un verbe ou un mot invariable. On réunirait, en usant au besoin de l'élision, *porteplume*, *pincemaille*, *piquassiette*, *perçoreille*, *guidâne*, *vicebailli*, *viçamiral*, *clairsemé*, *arrièreban*, *contrexpertise*, comme on a réuni et soudé *passavant*, *portefeuille*, *fainéant*, *vaurien*, *licou*, *enjeu*, *encaisse*, *acompte*, *contremarque*. L'expression ainsi réduite à l'unité, nous serions délivrés des difficultés que présente la juxtaposition pour l'orthographe du pluriel.

Pour les composés ou juxtaposés non susceptibles d'agglutination, ils suivraient l'orthographe courante, de quelques éléments qu'ils fussent formés. Le tiret disparaîtrait dans *eau-forte*, *belle-de-nuit*, *rat-de-cave*, *pot-aufeu*, *char-à-bancs*, *blanc-de-céruse*, *gris-brun*, *mal-jugé*, *état-major*, comme dans *eau blanche, pot au lait, bleu de ciel, châtain clair, fil à plomb, bien jugé, tierce major.* Il en serait de même des locutions abverbiales ou autres que l'usage a transformées en locutions composées : le trait d'union se s'explique pas plus dans *Très-Haut* que dans *très sage*, dans *c'est-à-dire* que dans *c'est à savoir*, dans *sauve-qui-peut* que dans *advienne que pourra.*

Après avoir passé en revue toutes les combinaisons qui donnent naissance aux mots juxtaposés ou composés, Darmesteter présente dans un index complet les différentes modifications qu'il voudrait leur voir subir. Ce travail patient et solide, qui conduit par des procédés logiques à la simplification du vocabulaire et de la grammaire, doit s'imposer tôt ou tard à l'attention de l'Académie. En attendant, il est à souhaiter qu'elle adopte une orthographe uniforme pour les mêmes expressions composées qu'elle imprime arbitrairement avec ou sans tiret, en deux mots ou en un seul : *blanc-seing* et *blanc seing, libre-échange* et *libre échange, maître-autel* et *maître autel, contre-point* et *contrepoint, entre-sol* et *entresol, chien-dent* et *chiendent*, etc.

En ce qui concerne la suppression du trait d'union, que Darmesteter voudrait générale, on serait tenté de faire une restriction. Il est une classe d'adjectifs juxtaposés où il n'y a ni déterminant ni déterminé, ni coordination ni subordination, mais où les deux mots conservent leur valeur propre et une égale importance : tels sont la *douce-amère*, un fruit *aigre-doux*, un enfant *sourd-muet*, un dictionnaire *français-latin*, l'armée *franco-russe*, l'*Alsace-Lorraine;* tels sont aussi les adjectifs numéraux, *vingt-deux, trente-six, cent-huit.* Le trait d'union, qui équivaut ici à la conjonction *et*, pourrait être employé comme il l'est en allemand et en italien dans les cas semblables : *deutsch-franzosisches Worterbuch, discorso politico-sociale.* Mais, à vrai dire, c'est là une nuance qui ne justifierait pas suffisamment une dérogation à la règle.

En dehors des mots composés et juxtaposés, le trait d'union est en usage soit avec les lettres euphoniques *s* et *t* : *aime-t-il, priera-t-elle, dira-t-on*[1], *donnes-en, vas-y*[2] ; soit avec les verbes suivis de leurs pronoms : *veillé-je, dors-tu, parlez-moi, allons-nous-en* ; soit pour unir l'adjectif *même* aux pronoms personnels qu'il détermine : *moi-même, eux-mêmes*. Les raisons tirées de l'accent tonique ne sont pas bien concluantes, et ici encore le tiret est une superfluité qui pourrait disparaître sans grand dommage.

Resterait à conserver ce signe pour joindre les deux parties d'un mot coupé à la fin d'une ligne. C'est là seulement qu'il paraît indispensable.

Pour en finir avec les signes orthographiques, rappelons un vœu qui a été exprimé par l'Institut génevois, relativement à la ponctuation. Il s'agirait de noter l'interrogation et l'exclamation par un signe placé à la fois au commencement et à la fin des phrases, ainsi que le font les Espagnols. La réduplication du point interrogatif ou exclamatif est surtout nécessaire quand la longueur de la phrase ne permet pas au lecteur d'en deviner l'intonation. En ceci, la vérité ou tout au moins le bon usage nous paraît être au delà des Pyrénées.

[1] On s'accorde généralement à reconnaître que ce *t*, qui est devenu réellement intercalaire et euphonique, faisait d'abord partie intégrante du verbe. L'ancienne langue prononçait et écrivait : *il vat* (*vadit*), *il aimet* (*amat*). Au seizième siècle, quand ce *t* final a disparu de l'écriture, il a persisté dans la prononciation : *donne il* se prononçait *donne-t-il*. Les grammairiens du temps constatent cependant que cet usage n'était pas général. Voy. Thurot, *Prononciation française*, III, 2, 7.

[2] Didot voudrait qu'on écrivît *donne-s-en*, en isolant l's euphonique comme le *t* dans *aime-t-il*. A notre avis, la véritable correction à opérer, ce serait de rattacher l's au verbe, non comme lettre euphonique, mais comme désinence grammaticale, et de faire disparaître ainsi une anomalie propre aux verbes de la première conjugaison et à quelques autres. Si, comme le disent les grammaires, la deuxième personne de l'impératif est la même que celle du présent de l'indicatif, moins le pronom *tu*, pourquoi ne dirait-on pas *aimes, cueilles*, comme on dit *finis, reçois* ?

§ IV. — **Néologismes.**

La néologie se rattache indirectement à la question de réforme orthographique. Nous ne parlons pas ici des mots nouveaux que l'imagination des écrivains ou l'instinct populaire introduisent spontanément dans la langue usuelle, les uns renouvelés de nos vieux dialectes, les autres créés par analogie ou par onomatopée : la plupart de ces néologismes apportent avec eux leur orthographe naturelle. Mais il s'agit des termes formés artificiellement par juxtaposition pour répondre aux idées complexes de la science, de l'industrie et même de la philosophie moderne. Les néologismes de cette espèce proviennent en général d'éléments grecs ou latins ; et beaucoup sont composés contre toute méthode et souvent contre toute raison. *Coexister, contravention, pénombre, interfolier, pédicure, prestidigitateur,* sont des mots bien faits : ils sont conformes aux règles de la composition latine. Il en est de même de *calligraphie, épizootie, hypertrophie, bibliophile*[1], qui sont modelés sur des types grecs. Mais, à côté de ces produits corrects et homogènes, que de créations absurdes et disparates ! *Anéroïde, azote, oxygène, hydrogène,* forment de grossiers contresens ; *monocle, coxalgie, planisphère, pancarte, photosculpture,* sont des formes bâtardes, qui

---

[1] Génin, à propos de ce mot, dit que l'affixe *phile* (*phil*), placé le premier en composition, a toujours le sens actif (*qui aime*), et il a raison ; mais il ajoute que, placé le dernier, il a toujours le sens passif (*qui est aimé*), en quoi il se trompe ; il y a des exceptions à la règle. Voy: Regnier, *De la formation des mots grecs,* § 288, Cf. χωροφιλεῖν, χωροφιλία. *Bibliophile, œnophile,* sont des mots régulièrement formés. On a beaucoup discuté sur *philocome.* L'inventeur du produit ainsi qualifié a-t-il voulu dire que les cheveux aimaient sa pommade, ou que sa pommade aimait les cheveux ? Lui seul le sait.

ne sont ni latines ni grecques et qui ne devraient pas être françaises. Nous ne parlons que pour mémoire de celles où le français vient malencontreusement s'accoupler avec le grec : *bureaucratie, anglomanie*. Ce sont, comme on l'a dit, de véritables monstres linguistiques.

La nomenclature de notre système métrique est un déplorable monument d'incohérence et de confusion. Les formes des multiples, *myria, kilo, hecto*, devraient être régulièrement *myrio, chilio, hécato*. Celles des sous-multiples, *déci, centi, milli*, ont le double défaut d'exprimer des nombres entiers au lieu de fractions, et de les exprimer par des mots latins amalgamés avec des mots grecs.

La multiplicité des découvertes scientifiques demandait une classification nouvelle et une nomenclature plus étendue. La langue grecque répondait à cette nécessité : son caractère flexible et synthétique permettait de concentrer en un seul mot des définitions qui souvent en français eussent exigé une longue périphrase. Mais peut-être a-t-on abusé de cette ressource. Darmesteter se demande si les progrès de la science moderne et les besoins de l'industrie motivent suffisamment cette surabondance de néologismes empruntés aux langues anciennes et surtout au grec. Il pense, non sans raison, que la juxtaposition française aurait pu répondre à bien des exigences[1]. Mais actuellement il nous paraît difficile de réagir contre des habitudes qui ont déjà pris toute l'extension d'un système. Il faut du moins souhaiter qu'à l'avenir la formation des mots savants et techniques soit soumise à des lois fixes et sévères, qu'elle satisfasse tout à la fois à l'analogie française et à celle des langues anciennes, et aussi qu'elle

---

[1] Voy. *Traité des mots composés*, ch. v, p. 222, note. B. Jullien avait soulevé la même question, et l'avait traitée par de solides arguments, mais avec des développements un peu confus. (*Thèses de grammaire*, xix, xx),

présente une homogénéité qui fait trop souvent défaut au vocabulaire actuel. Le lexique des géomètres n'est pas irréprochable. L'Académie a changé *paralléli-pipède* en *parallélépipède*, et elle a eu raison ; mais elle a gardé *isocèle* pour *isoscèle*, on ne sait trop pourquoi. La nomenclature chimique, dont nous avons cité un échantillon, prête à bien des critiques. Les produits et les instruments nouveaux sont annoncés dans le public et mis en circulation sous des étiquettes barbares et disant bien souvent le contraire de ce qu'elles veulent dire. Qu'en conclure, sinon que les savants et surtout les industriels sont le plus souvent mal préparés à imposer à leurs découvertes et à leurs inventions la dénomination qui leur convient[1] ?

Du reste, il faut l'avouer, en dehors du monde scientifique et industriel, il s'est introduit dans la langue bien des mots formés du grec au mépris de l'analogie et de l'étymologie : *idolâtre, idolâtrie* pour *idololâtre, idololâtrie, colophane* pour *colophone, amphibologie* pour *amphibolologie, trialogue* pour *trilogue*, etc. *Orthographe*, on en a souvent fait la remarque, devrait s'écrire *orthographie*, comme *géographie, orographie, télégraphie*. On a peine à s'expliquer la différence de terminaison entre *psychologue* et *physiologiste, géologue* et *anthropologiste*.

Mais ce n'est pas tout. La grammaire n'est pas plus respectée que l'analogie. Les noms en *ia* créés par les naturalistes, tels que *dalhia, fuchsia, camelia*, devraient être féminins de par l'étymologie, remarque Darmesteter. Cependant on leur a imposé le genre de *paria, falbala*, et autres noms masculins en *a*. On en est venu jusqu'à dire *le phylloxera vastatrix*. Un champignon, nommé vulgairement *la chanterelle*, s'est appelé, dans la langue scientifique, *le cantarella* ! Et cependant il ne manquait

---

[1] Sur cette fabrication incessante de vocables frelatés, il faut lire une page assez piquante de Darmesteter, *De la création des mots nouveaux.* xv, 4.

pas de précédents pour attribuer à ces noms scientifiques le genre qui leur convient : ne dit-on pas *une razzia, une pampa, une olla podrida, une véranda, la malaria* ?

L'Académie française, ou, à son défaut, l'Académie des inscriptions et belles-lettres, a pour devoir de réparer, autant qu'il est possible, toutes ces infractions à la loi de la langue parlée et de la langue écrite, et par cela même d'en prévenir le retour [1].

§ V. — Mots d'origine étrangères.

Les mots d'origine étrangère, simples ou composés, quand ils pénètrent dans notre langue, se dépouillent de leur forme, et se plient aux exigences d'une graphie et d'une phonétique nouvelles. Cela est de tradition. C'est ainsi que les mots allemands *bakbord, sauerkraut, pottasche, saebel, walzer, schorbock,* sont devenus chez nous *babord, choucroute, potasse, sabre, valser, scorbut.* De l'anglais *riding coat, roast beef, shawl, to boxe, country dance, truism, check, waggon, bulldog, paket boat,* nous avons fait *redingote, rosbif, châle, boxer, contre-danse, truisme, chèque, vagon, bouledogue, paquebot.* L'italien *arpeggio, facchino, banca rotta, camaglio,* nous a donné *arpège, faquin, banqueroute, camail.* Nous avons transformé l'espagnol *risco, lacayo, cazoletta,* en *risque, laquais, cassolette ;* le néerlandais *kerh-misse, vry buiter,* en *kermesse, flibustier* (anciennement *fribustier*) ; l'arabe *barbak khaneh, damajan,* en *barbacane, dame-jeanne ;* le persan *bâtkk hoda*

---

[1] Là dérivation française n'est pas exempte non plus de ces fautes commises contre les règles fondamentales de formation. La terminologie professionnelle, en particulier, foisonne d'irrégularités. Le suffixe *iste* a été employé à tort au lieu de *er, ier,* pour désigner ceux qui exercent un métier : *droguiste, bandagiste, fleuriste, éventailliste. pépiniériste.* Dans *ornemaniste* et *herboriste,* la faute est double, puisque la terminaison est impropre et que le radical est altéré. Voy. B. Jullien, *Cours supérieur de grammaire,* livre III, section 2.

en *pagode;* l'hébreu *gêi hinnom* en *gêne* (anc. *gehenne*), etc.
En subissant cette transformation, les mots étrangers
reçoivent en quelque sorte leurs lettres de naturalité
française.

Malheureusement, depuis quelques années, grâce au
progrès des relations internationales, nous sommes
envahis par une foule de vocables exotiques qui tendent
à s'implanter chez nous sous leur forme native, et nos
lexicographes les enregistrent avec une complaisance
qui nuit à l'individualité de notre idiome.

Tels sont, pour ne parler que de l'invasion anglaise,
*meeting, speech, break, dogkart, clown, raily paper, steeple
chase,* et quantité d'autres, empruntés surtout à la
fashion britannique. De deux choses l'une : ou ces mots
ont leurs équivalents chez nous, et alors il faut les consi-
gner impitoyablement à la frontière ; ou ils expriment
une idée nouvelle, et dans ce cas il ne faut les admettre
qu'en leur imposant l'uniforme français, comme on l'a
fait pendant longtemps[1]. Qu'on accepte sans changement, s'il y a nécessité, *sport, club, square, cottage,
verdict, budget,* cela n'a rien de contraire à l'organisme
de notre langue ; mais qu'on soumette à la loi d'assimilation *express, steeple chase, drawbak, break,* ainsi que
tous autres mots intrus où figurent des accumula-
tions de consonnes qui nous répugnent. C'est déjà trop

---

[1] Génin remarque que des néologismes soi-disant indispensables ont leurs équivalents chez nous et que même plusieurs ne sont que du vieux français travesti.
« Dès lors, pourquoi ne pas leur restituer leur forme française ? Le *tunnel* est notre
tonnel, tonneau, qui subsiste encore dans *tonnelle ;* le *ballast* est le *lest* de la
balle ou fardeau, mot qui se retrouve dans *porteballe ;* le *railway* est une voie à
rais ou rayons : on ne devrait pas dire les *rails,* mais les *rais* d'un chemin de fer.
Dérailler, qui semble le rétrograde de *railler,* est un verbe absurde. C'est *dérayer*
qu'il faudrait dire, en le reprenant de l'ancien français, où il existait au sens propre
et au figuré (voy. Rabelais, *Gargantua,* i, 27). » Aux exemples cités par Génin on
pourrait facilement en ajouter d'autres. Les mots *budget, fashion, humour, bill,
square, mess, reporter,* sont les mots français *bougette* (petite bourse), *façon,
humeur, bulle, carré, mets, rapporteur,* que l'Angleterre nous a pris et qu'elle
nous rend transformés. — Sur ce phénomène philologique, M. Brachet renvoie à
son livre, *Étude sur les doubles formes de la langue française.*

que l'usage ait donné le droit de cité à *spleen*, à *jockey-club*, à *bifteck* (orthographe hybride pour *biftec*) et à quelques autres. Ici encore, il appartient à l'Académie d'enrayer le mal et de veiller à l'observation d'une règle traditionnelle qui intéresse plus qu'on ne pense l'intégrité de notre langue. C'était déjà le sentiment de Fénelon : « J'avoue que, si nous jetions à la hâte et sans choix dans notre langue un grand nombre de mots étrangers, nous ferions du français un amas grossier et informe des autres langues d'un génie tout différent. C'est ainsi que les aliments trop peu digérés mettent dans la masse du sang d'un homme des parties hétérogènes qui l'altèrent au lieu de le conserver. [1] »

§ VI. — Desiderata divers.

Dans l'exposé qui précède, nous avons eu l'occasion de relever des irrégularités et des inconséquences d'orthographe que le temps a consacrées. On pourrait aisément en grossir la liste.

Il est regrettable de constater un écart graphique entre des mots dont l'origine est commune et l'affinité manifeste : *quelqu'un* et *aucun*, *piquant* et *suffocant*, *répertoire* et *dortoir*, *vermisseau* et *lionceau*, *levraut* et *lapereau*, *agile* et *puéril*, *fixe* et *préfix*, *compacte* et *exact*, etc. L'Académie aurait pu, dans ses premières éditions, ramener ces mots à une graphie normale et symétrique. Aujourd'hui le mal est fait, et ils est plus facile de le constater que d'y remédier. Mais il est d'autres abus sur lesquels il ne serait peut-être pas impossible de revenir.

Rien n'empêcherait de rétablir les éléments formateurs de quelques composés, tels que *préalable* (qui doit *aller* avant), *forcené* (hors de *sens*, *forsennato*), et *dessiller* (séparer les *cils*). *Forsené* serait un retour à l'ancien

[1] *Lettre à l'Académie*, III.

usage : Firmin Le Ver, dans son dictionnaire latin-français (1440), orthographiait *forsenerie* (art. *amentia*). Quant à *dessiller*, il est d'autant plus facile à l'Académie de l'exclure qu'elle consigne ailleurs la véritable orthographe, *déciller*.

C'est ici le cas de mentionner une erreur étymologique des plus singulières : il s'agit de l'expression *de champ* ; poser une solive, une brique *de champ*, c'est-à-dire sur le côté. Cette locution, dit Littré, n'a rien de commun avec *campus* ; ceux qui l'ont écrite, ne la comprenant plus, l'ont assimilée à un mot connu et compris. Il fallait écrire *de chant*. L'Académie devrait rectifier cette grosse faute de l'usage. *Chant* ou *cant* se trouve dans le vieux français avec le sens de coin, et il a fourni dans le français moderne *canton* et *chanteau*. *Canto*, en italien et en espagnol, est le même mot, né d'un radical qui d'ailleurs se trouve à la fois dans l'allemand *Kanthe*, côté le plus étroit, dans le celtique *cant*, bord, dans le latin *canthus*, bord de la roue, et dans le grec κανθός, coin de l'œil. C'est de ce mot que vient le verbe *décanter*[1].

Parmi les fautes de ce genre, on peut citer encore *flageolet* (haricot) pour *fageolet* ou *fasolet* (*phaseolus*), *ridicule* (sac) pour *réticule* (*reticulus*), *courte-pointe* pour *coulte-pointe* (*culcita puncta*, couette piquée), *faubourg*, qui devrait s'écrire comme autrefois *fobourg* ou plutôt *forbourg* (*foris burgus*). Mais pour ces derniers mots, qui sont tout à fait ancrés dans le langage usuel, il faut encore les subir, tout corrompus qu'ils sont.

On a justement reproché à l'Académie de faire figurer dans sa nomenclature, d'ordinaire sous forme de variantes en usage, des expressions notoirement fautives : ainsi *érésipèle* pour *érysipèle* (*erysipelas*), *honchets* pour *jonchets* (*jonc, joncher*), *sarbotière* pour *sorbetière* (*sorbet*),

---

[1] *Histoire de la langue française*, VII.

crépodaille pour *créponaille* (*crépon*), *huile d'aspic* pour *huile de spic* (*spica*), *tonton* pour *toton* (*totum*), *cangrène* pour *gangrène* (*gangræna*), *bierre* pour *bière* (allemand *pior*, *bier*). En enregistrant ces barbarismes, elle semble les autoriser, et les lexiques, qui marchent à sa suite, achèvent de les accréditer en les propageant. Elle n'a qu'un moyen d'en proscrire l'emploi, c'est de les exclure à tout jamais du répertoire officiel. Dans sa dernière édition, elle nous a débarrassés de *vagabonner* (*vagabonder*), *mirlirot* (*mélilot*), *calonière* (*canonnière*) ; mais ce n'est là qu'un commencement d'échenillage : on en attend la suite.

Il est des observations d'un autre ordre sur lesquelles nous appelons l'examen de l'illustre corps. La plupart sont du domaine grammatical ; mais, au fond, la grammaire n'est qu'un code rédigé d'après le dictionnaire. En généraliser les règles, en diminuer les exceptions, c'est encore travailler à la réforme de l'orthographe.

On a vu plus haut que la formation du féminin dans les noms et les adjectifs demandait à être régularisée et simplifiée sur un point (*bon — bone, tel — tèle*), et que certains verbes, les uns en *yer*, les autres en *eler* et en *eter*, pouvaient être ramenés à un type uniforme.

Signalons quelques autres améliorations possibles autant que nécessaires.

Plusieurs noms changent de genre en changeant de sens : *œuvre*, *foudre*, *garde*, etc., et cela paraît utile. Mais il n'y a pas lieu de laisser dans cette catégorie de noms épicènes *orge*, *hymne* et *orgue*, dont la signification est réellement la même aux deux genres. D'autre part, pourquoi ne rendrait-on pas aux noms *orgue* et *délice* le genre féminin qu'ils avaient dans l'ancien français et qu'ils ont gardé au pluriel[1] ?

---

[1] On a demandé aussi que le nom *amour* fût ramené à un seul genre, soit au singulier, soit au pluriel. Littré combat cette idée, et avec raison. « Une règle nou-

D'autres noms, d'une provenance manifestement homogène, ont reçu arbitrairement un genre différent. Est-il vraiment trop tard pour que l'Académie rende à *hémisphère* et à *planisphère* le genre féminin que la raison et l'usage ont attribué à *atmosphère* ?

Le double pluriel *ails* et *aulx* (qu'il faudrait écrire *aux* comme *travaux*) n'est pas justifié par la différence d'acception. La double orthographe *zéphyr* et *zéphire* n'a pas plus sa raison d'être que celle de *appâts* et *appas*.

Le pluriel des noms empruntés à une langue étrangère devrait être soumis à une règle fixe, c'est-à-dire à la règle de l'*s*. Actuellement on écrit des *agendas* et des *duplicata*, des *errata;* des *quidams* et des *avé;* des *trios* et des *quatuor*. Sur *muséum, recto, mémento, débet, intérim, lavabo*, et beaucoup d'autres, l'Académie ne se prononce pas. Enfin elle conserve à quelques noms leur terminaison originelle au pluriel : *maxima, minima; concetti, bravi, lazaroni, dilettanti, soli; tories, ladies*. Toutes ces bigarrures ne sont que pour déconcerter l'attention et mettre en défaut la mémoire.

Le Dictionnaire n'offre pas moins d'arbitraire dans l'emploi des majuscules. On y lit le *Théâtre-Français* et la *Comédie française*, les *Quarante* et les *dix*, l'*Esprit-Saint* et l'*Ecriture sainte*, les *Dialogues de Platon* et les *héroïdes d'Ovide*, l'*Ascension* et la *circoncision*, etc. Quelquefois le désaccord affecte le même mot : *François Ier a été nommé le Père des lettres*, et *Hérodote le père de l'histoire; la Bourse de Paris est un beau monument* et *la bourse de Paris est un périptère*. On trouve à quelques lignes de distance le *Saint des Saints* et le *saint des saints*, le *Cantique* des

<hr>

velle ferait considérer par le gros des lecteurs comme des fautes les passages de nos auteurs où *amour* est féminin, grave dommage pour leur mémoire et pour notre plaisir. *Amour* était féminin dans l'ancienne langue, comme tous les noms formés du latin en *or : douleur, peur*, de *dolor, pavor*, etc. C'est un archaïsme à conserver, quand il signifie la passion d'un sexe pour l'autre. »

Cantiques et le *cantique des cantiques*, les *beaux-Arts* et les *beaux arts*.

Même inconséquence pour les noms propres employés figurément comme noms communs. Ici l'on trouve *un mentor, une voix de stentor;* là, *un Mécène, un Tabarin.* Cependant il y a métonymie dans un cas comme dans l'autre.

Puisque nous en sommes aux noms propres, souhaitons qu'on abroge au plus vite les prescriptions fantaisistes qui règlent leur syntaxe au pluriel. Le mot de chinoiserie dont on a tant abusé pour qualifier nos irrégularités grammaticales serait ici parfaitement à sa place. Après avoir montré par des exemples les bizarreries où peut conduire la législation des grammairiens, M. Ayer ajoute avec beaucoup de sens : « Les noms propres, tant qu'ils restent noms propres et s'écrivent avec une majuscule, doivent conserver leur orthographe originelle, et il n'est pas permis, quel que soit leur emploi, de les défigurer en y ajoutant ou en y modifiant une lettre quelconque. Il faut donc écrire : *Les Corneille sont rares,* comme on écrit : *Les Corneille sont nés à Rouen; Les Boileau et les Gilbert furent les Juvénal* (et non *les Juvénals* pas plus que *les Juvénaux*) *de leur siècle.* Mais, quand les noms propres sont devenus de vrais noms communs, et qu'ils ne prennent plus la majuscule initiale, il faut les traiter comme les autres noms communs et leur donner la marque du pluriel : *des harpagons, des mentors, des tartufes.* Avec cette règle si simple et en même temps si logique, on débarrasserait la grammaire de subtilités indignes d'une langue qui vise surtout à la clarté. »

Etymologiquement, *vingt* et *cent* sont invariables. Une règle du vieux français, observée généralement avec assez d'exactitude jusqu'au dix-septième siècle, leur avait donné une variabilité qu'elle a refusée à *mille,* on ne saurait dire pour quelle cause : *Sur deux cents combattants il n'en reste que quatre-vingts ; Paris avait neuf cents mille habitants.* Depuis, les grammairiens ont décrété que l's tomberait si *vingt* et *cent* étaient suivis d'un autre nombre : *nous partîmes deux cents, nous arrivâmes quatre-vingt-dix.* Cette distinction ne s'explique que par des arguties, si tant est qu'elle s'explique.

Les adjectifs *demi, nu, feu,* sont assujettis à une syntaxe hétéroclite : *une demi-heure* et *une heure et demie, nu-tête* et *tête nue, la feue reine* et *feu la reine.* Il serait à la fois simple et logique de revenir à l'ancienne orthographe, encore en usage au siècle dernier : *une demie lieue, nue tête, feue la reine.*

On pose en principe que *nouveau* employé pour *nouvellement* reste invariable : *une fille nouveau-née, des tonneaux nouveau-percés,* et l'on autorise *une nouvelle convertie, les nouveaux mariés :* inconséquence tout à fait choquante. Moins choquante cependant que ces autres étrangetés. *Premier-né, premiers-nés,* sont approuvés et même prescrits par la grammaire ; *première-née* est absolument interdit. On écrit *aveugle-née, aveugles-nés,* et l'on ne peut écrire *morte-née, morts-nés.* Voilà *mort* qui, contre toute raison, devient adverbe et synonyme de *mortellement* !

Que dire de la syntaxe contradictoire de *tout ?* Les vieux auteurs et aussi ceux du dix-septième siècle accordaient toujours ce mot, même quand il avait le sens adverbial : *la terre toute entière, des chevaux tous prêts.* Vaugelas a établi une variation d'orthographe entre *tout* adjectif et *tout* adverbe. Le temps a ratifié sa décision ; mais alors il faudrait observer dans tous les cas l'invariabilité de l'adverbe. Les écoliers comprennent très bien la différence d'orthographe entre *toute autre femme* et *tout autre femme ;* mais il se révolteront toujours à l'idée d'écrire *une femme tout étonnée* et *une femme toute surprise.* Le motif d'euphonie qu'on leur allègue pour expliquer cet inexplicable paralogisme n'a rien qui les convainque. La règle de Vaugelas, combattue par Ménage lui-même comme trop subtile, fut très peu observée par ses contemporains, souvent négligée au siècle suivant; et, bien qu'aujourd'hui elle fasse partie du code grammatical, nos meilleurs écrivains, V. Hugo, G. Sand, Michelet, s'en sont affranchis[1].

Le motif d'euphonie n'est pas plus acceptable dans l'expression archaïque et incorrecte : *nous nous faisons fort de...*

La règle de *même* et de *quelque* manque aussi de netteté et tant soit peu de logique. Les éclaircissements des grammatistes n'ont guère fait que l'obscurcir. On devrait, ce semble, la ramener à deux cas. *Même* marquant l'identité, la ressemblance, est adjectif : *nous avons les mêmes opinions; même patrie, mêmes sentiments. Même,* employé dans le sens prégnant pour renforcer une idée, est adverbe : *les hommes même... Eux-même* cesserait d'être une licence pour devenir une loi.

L'expression primitive et régulière *quel que* ayant été altérée et le plus souvent réduite à un mot simple *quelque,* il est assez difficile d'en simplifier l'orthographe. Toutefois il serait possible de trouver dans les remarques de M. F. Brunot les éléments d'une syntaxe moins complexe et plus suivie[2].

L'*e* médial de certains adverbes de manière, *poliment, hardiment, vraiment,* a été supprimé sans raison. L'ancienne orthographe *poliement, vraiement,* était meilleure. Au moins la suppression de l'*e* devrait-elle être compensée partout par un accent circonflexe, comme elle l'est dans *assidûment, gaîment,* en supposant, bien

---

[1] Voy. les exemples cités par M. F. Brunot, *Grammaire historique,* § 221.
[2] *Grammaire historique,* § 309.

entendu, que l'on conserve à cet accent la fonction de marquer les syncopes et les contractions.

Il n'est que temps, on le voit, de porter la hache dans toutes ces broussailles, d'en finir avec toutes ces minuties de vieille ou fraîche date, de fondre toutes ces dissonances.

Notre conjugaison fourmille d'irrégularités qui ont pour elles la coutume ou plutôt la routine. Il en est pourtant quelques-unes qu'on pourrait corriger sans risque de désorganisation. Pourquoi ne pas rétablir dans *conclu* et *exclu* l's étymologique qui s'est conservée dans *inclus*, *perclus*, *reclus*, et qu'on retrouve dans tous les dérivés, *conclusion*, *exclusif*, *reclusion*, *écluse* ? Pourquoi *un nom béni* et *du pain bénit* ? Pourquoi retenir dans *asseoir* et *surseoir* l'*e* qui a disparu dans tous les autres verbes de même provenance, *voir*, *croire*, etc. ? Et pourquoi cet *e*, qui tombe au futur dans *assoirai*, persiste-t-il dans *surseoirai* ? Pourquoi une différence entre le simple *que je vaille*, et le composé *que je prévale* ? Les participes *absous*, *dissous*, *résous*, au féminin *absoute*, *dissoute*, *résoute* (?), ne seraient-ils pas mieux écrits *absout*, *résout*, *dissout*, conformément à l'usage du seizième siècle, *absoult*, *dissoult* ? Ce n'est pas aux grammaires qu'il faut demander un fil conducteur pour sortir de ce dédale.

On a exprimé le vœu que l'Académie décrétât l'invariabilité du participe passé accompagné de l'auxiliaire *avoir*. Les raisons qu'on a données à l'appui ne sont pas sans valeur[1]. Toutefois il ne faut pas s'exagérer la difficulté que présente la règle des participes. Elle n'est malaisée à comprendre et à appliquer que lorsqu'elle

---

[1] On trouvera les arguments en faveur de cette thèse dans la grammaire de C. Ayer, et les arguments contraires dans celles de Lemaire et de Crouslé.

est exposée sans méthode, c'est-à-dire subdivisée et morcelée à l'infini. Ramenée à un principe général, elle devient d'une pratique prompte et facile, même pour de jeunes écoliers.

En résumé, la réforme grammaticale doit porter surtout sur les exceptions, qui, le plus souvent sont arbitraires et vétilleuses, et non sur les règles établies en vertu d'un principe et déduites d'un raisonnement. Ces règles, les enfants de nos écoles les apprennent et les observent vite et sans peine, ainsi que cela résulte du témoignage des instituteurs : c'est sur les innombrables dérogations qu'ils hésitent et qu'ils bronchent ; et franchement ils sont bien excusables. En français, comme partout, il y a et il y aura toujours des anomalies qui s'expliquent par des motifs plus ou moins solides ; mais il en est beaucoup d'autres qui ne sont nées que des raffinements de la casuistique contre lesquelles le bon sens public ne cesse de protester. L'autorité de l'Académie pourrait les dénoncer à bref délai, et cela à la satisfaction générale. Les grammaires classiques en seraient sensiblement diminuées, pour le plus grand bien des maîtres et des élèves[1].

[1] Dans l'état actuel, un des fléaux de l'enseignement dans les écoles, c'est ce qu'on appelle une *grammaire complète*, c'est-à-dire celle où sont accumulés comme à plaisir les avertissements puérils, les remarques oiseuses, les prescriptions banales. On oublie trop qu'on s'adresse, non à des étrangers, mais à de jeunes Français, qui ont déjà acquis par l'usage et par l'oreille les premières notions de la langue. Ainsi il est assez inutile de leur enseigner comme un dogme qu'on ne prononce ni n'écrit *les chevals, les œils, vous disez, ils faisent,* etc. Ils le savent avant d'entrer à l'école ; ou si, par impossible, ils l'ignorent, quelques séances de lecture suffiront pour le leur apprendre. Quant aux exercices écrits qu'on leur donne à faire sur ces accidents de langage, ils ne servent guère qu'à les déconcerter et qu'à mettre dans leur esprit un doute là où il y a une certitude. On l'a dit depuis longtemps, pour les enfants, la meilleure grammaire est la plus courte. « Nos manuels grammaticaux, remarque très sensément M. Bréal, accordent autant et plus de place à telle règle d'orthographe d'un emploi rare et d'une importance secondaire, qu'à tel principe qui doit être appliqué à tout instant. Laissez les premières de côté et attendez pour les expliquer que la lecture d'un texte vous en amène un exemple. Le malheureux élève qui lit son rudiment croit que la langue française est

semée de pièges, etc... » Tout le chapitre est à lire et à méditer. *(Quelques mots sur l'instruction publique).*

, Darmesteter appelle de tous ses vœux le jour où l'enfant, « arrêté moins long-temps à l'étude des faits extérieurs, abordera plus à loisir et avec plus de fruit 'étude même de la langue, où il entrera dans cette étude féconde et vivante qui doit lui apprendre à saisir les pensées des autres et ses propres pensées, discipliner lson intelligence, l'habituer à l'analyse des idées et à la réflexion, et lui donner enfin les qualités d'observation, de clarté, d'ordre qu'il doit porter plus tard dans la pratique de la vie. » Eh bien, c'est par la simplification de la grammaire, autant et plus que par celle du vocabulaire, qu'on obtiendra cet heureux résultat. C'est ainsi que l'enseignement grammatical sera un moyen de gymnastique intellectuelle. Vérité bien simple, mais que ne soupçonnent pas certaines assemblées municipales qui se substituent aux instituteurs dans la direction des écoles et s'imaginent faire preuve de compétence pédagogique en leur imposant, comme livres de choix, les grammaires les plus volumineuses, les plus compliquées, les plus indigestes !

Puisque nous parlons de l'enseignement du français, nous ajouterons une remarque sur la manière dont les exercices orthographiques sont dirigés, ou plutôt sur la sanction qui leur est donnée dans la plupart de nos écoles. Toutes les fautes contre l'usage ou contre la grammaire sont taxées uniformément. Voilà la règle, et c'est d'après cette règle que les élèves sont classés et jugés. Il ne leur en coûte pas plus pour avoir écrit *ils aime, un belle arbre,* que pour avoir écrit *patronnage, resaisir ;* une *f* ajoutée à *persifler* compte tout autant qu'une *s* omise à *bonshommes ;* quelles que soient la nature et la gravité du manquement, *c'est le même prix,* comme on dit en style d'écolier. Ce système d'évaluation peut être commode ; mais il est absurde autant qu'inique. Les instituteurs en sont-ils vraiment responsables ? Non ; car ils ne font que mettre en œuvre le mode de correction dont on a fait usage à leur égard, quand ils subissaient l'épreuve de la dictée aux examens professionnels. Cela est ainsi. Qu'on se fasse représenter les copies des candidats admis ou refusés au brevet de capacité, et l'on y verra toutes les fautes marquées invariablement du chiffre 1, qu'elles dénotent l'ignorance d'un fait accidentel ou l'inintelligence des règles les plus générales et les plus élémentaires, qu'il s'agisse d'une peccadille lexicographique ou d'une énormité grammaticale. Les jurys d'examen s'obstinent à cette notation sommaire et brutale, sans paraître se douter qu'elle écarte souvent les sujets les mieux préparés au profit des moins méritants. On est en droit de s'étonner que l'administration de l'instruction publique ferme les yeux sur cette aberration pédagogique, condamnée depuis longtemps par une décision du Conseil supérieur. Jamais elle n'a eu l'idée, à notre connaissance, d'édicter ou de tolérer l'évaluation uniforme des fautes pour la correction des devoirs dans l'enseignement secondaire. Là, contresens, solécismes et barbarismes sont appréciés *ad valorem :* ils sont pesés avant d'être comptés. Pourquoi cette appréciation graduelle et relative des fautes ne serait-elle pas adoptée pour les exercices de dictée dans nos écoles ? La pratique en usage, outre qu'elle est contraire à l'équité, a pour effet inévitable de fausser le jugement des enfants eux-mêmes. L'égalité des fautes est un principe aussi peu acceptable en orthographe qu'en morale.

On nous pardonnera ces digressions : elles ne sont pas tout à fait étrangères à la question qui nous occupe. Il est permis d'espérer que les procédés d'enseignement s'amélioreront d'eux-mêmes, à mesure que les règles de notre écriture deviendront plus simples, plus rationnelles et plus homogènes.

5.

III

CONCLUSION

Des discussions qui précèdent se dégagent les propositions suivantes :

1° Substituer *s* à *x* final et muet : *faus, chevaus, heureus, jalous, pais, je peus* (page 20) ;

2° Substituer *f* à *ph : filososofie, orthografe, foque* (page 33) ;

3° Remplacer les voyelles composées *œu, œi,* par *eu : seur, beuf, euil* (page 43) ;

4° Remplacer la nasale *en* par *an* dans tous les qualificatifs employés adjectivement ou substantivement, ainsi que dans leurs dérivés : *prudant, ardant, expédiant, prudance, ardamment* (page 46) ;

5° Substituer partout *i* à *y : analise, hidre, ieux (ieus), voions, tilburi* (page 40) ;

6° Supprimer une des deux consonnes redoublées toutes les fois que le redoublement est contraire à l'étymologie : *desus, déservir, honeur, doner, bone, cruèle, chiène* (page 54 et suiv.) ;

7° Faire disparaître les contradictions graphiques entre les mots congénères ou analogues : *bonhomme, bonhomie ; canonnade, cantonade ; cordonnier, nautonier* (page 58) ;

8° Franciser tous les mots empruntés aux langues étrangères : *doccart, brèque, biftec, contralte* (page 70) ;

9° Supprimer le trait d'union ou tiret : *arc en ciel, dit il, puissé je* (page 63 et suiv.) ;

10° Régulariser et restreindre l'emploi des accents et celui des majuscules (pages 61 et 75) ;

11° Employer certains signes diacritiques pour faciliter la lecture : *ḫéros, ḫonte ; — açharné, çherçher, anarçhie, excepţion, arguţie, marţial ; — agñeau, règñe ; — mañga, plonǵon, gaǵure* (pages 22, 28, 30, 35)[1].

De ces modifications, la plupart sont d'une réalisation immédiate et facile ; quelques-unes touchent à des parties plus essentielles de la langue écrite, et demandent à être effectuées graduellement, suivant leur importance relative ; toutes procèdent d'un principe identique et tendent au même objet : appliquer à la réforme de l'orthographe les procédés les plus simples, mais en même temps les plus réguliers.

Le programme tracé par Darmesteter, nous ayant fourni l'occasion et dans une assez large mesure la matière de cette étude, nous fournira par cela même notre conclusion.

Sur le point de départ de la question, sur le but à atteindre, sur les directions à suivre, sur les écueils à éviter, nous sommes en complet accord avec lui ; et cependant nous avons repoussé une partie des solutions qu'il propose. Cela tient, on l'a vu, à ce que nous attachons un prix tout particulier à l'un des facteurs de la

---

[1] Nous ne faisons pas figurer dans ce tableau les desideratas relatifs à la grammaire signalés au paragraphe VI, non plus que toutes les irrégularités accidentelles et isolées, comme celles que nous avons relevées pages 26, 32, 36, 39, 45, 59, 72, etc.

Pour mener à bonne fin un tel travail, il faudrait relire le Dictionnaire article par article, comme l'a fait Pautex, et comme le ferait plus utilement encore une commission de lecteurs attentifs et dévoués.

langue écrite dont il fait trop bon marché. Nous avons donné nos raisons, et nous les maintenons malgré les critiques et les objections qu'on ne se lasse pas de répéter.

Sur les 31,600 mots que comprend le vocabulaire offi-ciel, les trois quarts environ ont été formés par le procédé savant, c'est-à-dire modelés sur l'écriture des langues anciennes, et surtout du latin, d'où notre idiome tire la plus grande partie de sa substance. Ce qui caractérise ces mots, c'est la présence des éléments for-mateurs. « Leur orthographe, dit M. Brachet, résulte de leur étymologie ; la changer, c'est leur enlever leurs titres de noblesse ; » pour employer un terme moins ambitieux, disons, si l'on veut, que c'est leur en-lever leur marque d'origine. Cette origine était mar-quée dans l'ancien français par la persistance de l'accent tonique ; dans les mots créés ultérieurement, elle est indiquée par la configuration graphique, et elle ne peut l'être autrement. Prétendre que ce système de graphie est antiétymologique, c'est un pur paradoxe, et peut-être même un simple badinage, auquel il n'y a pas lieu de s'arrêter. L'important est que les mots de la seconde période de formation dépouillent en se transformant toute surcharge inutile et gênante, et que, tout en con-servant les signes nécessaires qui caractérisent leur provenance, ils prennent la sonorité, la physionomie, la mise françaises. De fait, c'est ce qui a lieu : depuis trois siècles, ce travail d'assimilation et d'allégement se pour-suit sous l'empire de l'usage et par les soins de l'Aca-démie.

Cependant dans cette élaboration réfléchie et progres-sive Darmesteter ne voit qu'un pédantisme intem-pestif. Tout d'abord on aurait pu lui demander si le véritable pédantisme ne consiste pas à vouloir exhumer un système d'écriture qui a fait son temps et à tenter

la reconstitution d'une orthographe soi-disant historique. Mais passons. En parlant, en écrivant, dit-il, on
ne fait pas d'étymologie. Il aurait pu dire avec autant de
raison qu'en parlant et en écrivant on ne fait pas de
grammaire. « On parle, on écrit pour exprimer sa
pensée. » Cela est de toute évidence ; mais rien n'empêche d'exprimer sa pensée à l'aide de mots conformes
aux règles de la dérivation et de la syntaxe. Elle n'a
rien à perdre et tout à y gagner. Assurément il ne faut
pas s'exagérer les vertus de l'étymologie ; elle ne contient pas tout le génie des langues, quoi qu'en ait dit
Bacon. On sait ce qu'elle apporte parfois de méprises,
d'incertitudes et de déceptions ; mais il n'en est pas
moins vrai qu'elle fournit à la linguistique bien des
éclaircissements précieux et bien des repères indispensables ; le plus souvent elle seule peut expliquer la vie
des mots et leur histoire. On lui concède ce mérite pour
l'étude du vieux français ; on le lui refuse pour l'inter-
prétation du français moderne. De deux choses l'une,
dit-on : ou les lecteurs ont appris les langues anciennes,
et alors ils remonteront d'eux-mêmes à l'origine des
mots sans le secours de jalons étymologiques ; ou ils ne
savent ni grec ni latin, et alors que leur sert et que leur
importe notre écriture prétendue savante ? Ce dilemme
sassé et ressassé n'est rien moins que triomphant.
D'abord il est fort douteux que les lecteurs pourvus du
bagage classique remontent aisément aux formes originelles le jour où la caractéristique de ces formes vien-
drait à disparaître. Quant aux autres, si les règles de
l'orthographe moderne sont pour eux lettre close, soyons
assurés qu'ils ne verraient pas plus clair dans le méca-
nisme de l'ancienne écriture qu'on a la prétention de
restaurer. La conséquence forcée de cette alternative
serait le recours à l'empirisme phonographique, dont
personne ne veut, parce qu'il est la mort de tout langage

écrit et parlé. Le seul moyen d'échapper au péril, reconnaissons-le, c'est de conserver à nos deux systèmes graphiques leurs procédés respectifs, et par conséquent de laisser subsister, au besoin même de rétablir les éléments constitutifs de l'orthographe moderne. La vérité est là, et nous en appelons à l'exemple de Darmesteter lui-même. On s'en souvient, il réprouve les lettres surérogatoires dans *paulme, aultre, nuict, bienfaict, sçavoir ;* il condamne l'emploi abusif de l'*y* dans *yeux, yeuse,* celui de l'*x* dans *paix, voix, peux ;* il redoute le désordre qu'amèneraient les formes *plin, certin, tindre ;* il récuse *k* et *q* dans *kerelle, éqité ;* il réclame contre l'incorrection des vocables *mets, poids, legs ;* il proclame la légimité de la consonne finale dans *plomb, drap ;* il tolère l'usage de l'*h* muette initiale comme une nécessité regrettable peut-être, mais impérieuse ; enfin il lui répugne d'écrire ou plutôt de lire *trè* pour *très* ou *trait, lé père, ils écoute, nous aimon,* etc. Qu'est-ce que toutes ces critiques, ces préférences, ces protestations, ces désirs à propos de graphies passées ou présentes, réelles ou supposées, sinon une adhésion formelle à l'orthographe étymologique ?

A la vérité, il se montre intraitable à d'autres égards. Par application de sa doctrine, il faudrait écrire : *Soissante jandarmes ont péri dans un get-apans ; — La flame ateignit notre anseinte et détruizit complètemant plus de sant tantes ; — J'antands d'isi l'orcestre et les cœurs du téâtre. — Se coin de tère apelé Franse an souvenir du peuple franc ; — S'est un home de lètres dépourvu de sans littéraire, mais non sans celce imaginasion,* etc.

Eh bien, il est évident pour nous qu'ici il a, sans le vouloir, dépassé les bornes de prudence, de tact et de mesure qu'il imposait à tout réformateur et qu'il s'imposait à lui-même ; en voulant fuir la route banale d'une étymologie qu'il n'aime pas, il a rasé les bas-fonds d'un phonétisme qu'il abhorre. Nous sommes même porté à croire que, si on lui eût mis sous les yeux une page imprimée suivant ses formules, il se fût énergiquement refusé à la signer de son nom[1].

Ses savants confrères éprouveraient sans doute la même répugnance à se voir traduits ou plutôt trahis de la sorte, si l'on en juge par les déclarations qu'ils ont adressées au *Bulletin de la réforme*. Après s'être posés comme lui en adversaires jurés de l'orthographe actuelle, ils admettent volontiers des tempéraments et font fléchir la rigueur des théories sous la toute-puissance de l'usage. M. G. Páris se récuse, par crainte des conséquences où son patronage pourrait l'entraîner ; M. Bréal se borne à réclamer contre les superstitions grammaticales et la tyrannie des règles purement artificielles ; M. P. Meyer reconnaît que l'écriture moderne est bonne à garder en ce qui touche le vocabulaire scientifique. Quant à M. L. Havet, la perspective d'une révolution phonétique n'a rien qui l'effraie ; mais, en homme avisé, il en ajourne le triomphe au vingtième siècle, c'est-à-dire aux calendes grecques. En réalité, nous pensons que ces maîtres de la philologie moderne, qui ont le sentiment de la langue et le respect de ce qu'ils écrivent, se rallieraient sans trop de résistance à l'opinion de Littré que nous avons prise pour épigraphe, et qu'ils seraient tout disposés à adopter ce programme modéré et judicieux : simplifier l'écriture en la régularisant, et n'admettre les modifications graphiques qu'en les accommodant à la tradition et à l'étymologie.

Quoi qu'il en soit, le débat ne saurait être aujourd'hui entre ceux qui veulent le bouleversement complet et

---

[1] On le sait, c'est ce qui arriva à l'académicien Andrieux. Il avait adressé à Marle une lettre d'encouragement. Celui-ci l'ayant publiée en *ékritur fonétik,* ce qui était un peu son droit, l'académicien se fâcha tout rouge contre ce qu'il appelait un travestissement. L'aventure fit beaucoup rire ; mais les rieurs ne furent pas tous de son côté.

brutal de l'écriture actuelle et ceux qui en demandent le redressement partiel et raisonné. C'est seulement par ces derniers que peut être agitée utilement la question de réforme orthographique : c'est par leurs controverses qu'elle a chance d'être résolue. Ils discutent sur un terrain commun, où les divergences sont plus ou moins accentuées, mais où l'entente est possible. Qui les départagera ? qui prononcera en dernier ressort ? C'est l'Académie. Elle a le droit et le devoir de dicter la loi ; et elle ne l'a jamais oublié, quoi qu'on en ait dit.

Il y a plus de vingt ans, un écrivain éminent, qui apportait en toute chose un jugement aussi sûr qu'indépendant, écrivait les lignes suivantes :

Notre dix-neuvième siècle a présenté sur cette question de l'orthographe, et comme dans un miroir abrégé, le spectacle des dispositions diverses qui l'ont animé en d'autres matières plus sérieuses. Il a eu des exemples d'audace et de radicalisme absolu, témoin M. Marle ; une opposition ou résistance soi-disant traditionnelle, témoin Nodier et son école ; un éclectisme progressif éclairé et assez large, témoin le Dictionnaire de l'Académie de 1835 ; mais depuis lors, il faut le dire, le siècle ne paraît pas s'être enhardi ; il y aura de l'effort à faire pour introduire dans l'édition qui se prépare toutes les modifications réclamées par la raison, et qui fassent de cette publication nouvelle une date et une étape de la langue. C'est à quoi cependant il faut viser.

Changez le millésime de 1835, mettez en ligne de compte les exigences nouvelles qui se sont produites avec le temps, et les réflexions de Sainte-Beuve n'auront rien perdu de leur justesse et de leur à-propos. Elles sont pour l'Académie à la fois un témoignage et un avertissement.

Avertissement d'autant plus sérieux que depuis quelques années le public s'intéresse plus vivement aux travaux de l'Académie, qu'il les suit avec plus de compétence, et que par cela même il a droit à une plus grande part d'influence dans les décisions de l'illustre compagnie. Jusqu'ici elle a su faire accepter l'autorité de ces décisions en se gardant de l'esprit d'aventure aussi bien que de l'esprit de routine ; mais il ne faudrait pas que par excès de prudence elle restât en arrière de l'opinion. Ce qu'on attend d'elle, nous l'avons dit, c'est une marche plus résolue, des vues plus larges, une révision plus systématique et plus compréhensive. Elle répondra à ce vœu, nous en avons l'assurance, surtout si elle prend en considération les motifs d'urgence que nous avons invoqués au début de cette étude et sur lesquels Darmesteter insiste de son côté en terminant son article. Travailler à la réforme orthographique, c'est ménager à nos écoliers un emploi plus fructueux de leur temps et de leurs facultés, et c'est faciliter l'expansion de notre langue au dehors : c'est faire doublement œuvre patriotique.

Au dernier moment, on nous communique une pétition adressée aux membres de l'Académie française. Nous la transcrivons textuellement :

L'Académie française gouverne l'orthographe de notre langue. Sans que ses arrêts aient de sanction, ils servent de règle commune aux imprimeurs. C'est donc à l'Académie que doit s'adresser une pétition ayant pour objet une simplification de l'orthographe.

Pour y faire droit, d'ailleurs, l'Académie n'a qu'à continuer son œuvre. La simplification, elle l'a poursuivie continûment depuis l'origine. Il y a peu d'années, elle supprimait encore des signes inutiles, le trait d'union de *très-bon*, la seconde *h* de *diphthongue*. Le public, à ce moment, a suivi avec discipline. Ce que l'Académie fera dans le même sens sera toujours ratifié par la pratique universelle.

Les soussignés font appel aux traditions réformatrices de l'Académie pour solliciter d'elle un nouveau perfectionnement. Elle seule peut en formuler la règle et la mesure. Voici des exemples des questions qu'on lui demande de trancher :

1º Question des suppressions d'accents muets (*où, là, gîte, qu'il fût*). De là, pour les typographes, l'économie possible de quatre caractères à faire fondre dans chaque corps (*à, ù, î, û*) ;

2º Question des suppressions d'autres signes muets (trait d'union dans *peut-être*, *h* dans *rythme*, *l* dans *le fils*, *o* dans *faon*) ; question du dédoublement (*honneur* par *n* simple comme *honorer*) et de la substitution d'une lettre à deux (*f* pour *ph* des mots grecs, comme déjà dans *frénésie, fantaisie, faisan*). De là, pour qui écrit, une économie possible de temps ; pour qui imprime, une économie possible d'espace et d'argent ;

3º Question de l'uniformité (*dixième* écrit comme *dizaine*, *dix* comme *la vis*, les pluriels *genoux, étaux* comme les pluriels *fous, landaus*). De là, pour quiconque étudie la langue, une économie possible d'efforts.

Ce qui inspire la présente pétition n'est pas une idée abstraite. Les soussignés, au contraire, croient pouvoir invoquer des intérêts réels.

Ils invoquent d'abord un intérêt trop souvent méconnu, et qu'on a le droit d'appeler national. Car, pour la France, il n'est pas indifférent que son idiome soit aisé ou malaisé à apprendre.

En en retouchant l'orthographe, l'Académie le rendra plus rapidement assimilable pour nos concitoyens bretons ou basques, pour nos sujets et protégés des pays musulmans, enfin pour tant d'étrangers, clients ou amis, soit de l'État français, soit du génie français.

Ensuite, ils invoquent l'intérêt individuel des personnes peu lettrées, à qui l'Académie peut faciliter l'accès de la culture. Et, tout particulièrement, l'intérêt des enfants. Mille difficultés gratuites peuvent leur être épargnées par une décision de l'Académie, et il dépend d'elle d'alléger d'un lourd fardeau la population enfantine tout entière et ses maîtres. Ce sont là sans doute des considérations sérieuses. Les soussignés les soumettent respectueusement aux réflexions de l'Académie, et en tirent l'espoir que leur requête sera entendue.

Les considérants exposés par les pétitionnaires sont les nôtres ; de leurs conclusions, les unes sont conformes, les autres sont contraires à nos propres idées. En somme, leur programme est des plus modérés, surtout quand on le compare à celui de Darmesteter : à certains égards, il peut même sembler timide et un peu étroit. Nous ne nous en plaignons pas. Si, comme le bruit en a couru, la pétition a pour inspirateur ou pour patron l'un des promoteurs les plus résolus et les plus absolus de la réforme, il faut s'en féliciter et bien augurer du résultat. C'est par des transactions qu'on arrivera à conquérir l'opinion et qu'on amènera l'Académie à poursuivre l'amélioration de notre orthographe. Le radicalisme en pareille matière n'aboutirait à rien.

En même temps, nous apprenons par quelques articles de journaux qu'il s'est fondé sous la direction de M. P. Malvezin une nouvelle association philologique pour arriver à la revision du Dictionnaire. Nous regrettons de ne pas connaître son plan de réformes, qui, à en juger par certaines citations, paraît sagement conçu. Quant à la *Société de réforme orthographique* fondée par M. Paul Passy, nous venons de relire tous les bulletins mensuels qu'elle a publiés jusqu'à ce jour. Tout en restant un de ses adhérents les plus sympathiques, nous persistons à croire qu'elle s'écarte de plus en plus de la bonne voie ; en général, ses rédacteurs ordinaires et ses correspondants ont une tendance trop marquée vers l'autonomie et vers l'empirisme. Qu'on en soit bien convaincu, la réforme de notre orthographe se fera sous une direction autorisée et par des procédés méthodiques, ou elle ne se fera pas. C'est là notre conviction intime et notre dernier mot.

Mai 1889.

BIBLIOGRAPHIE

RELATIVE A L'ORTHOGRAPHE FRANÇAISE

La question de la réforme orthographique a pris un caractère d'actualité qui sollicitera sans doute plus d'un lecteur à vouloir l'approfondir. A cet effet, nous donnons la liste aussi complète que possible des ouvrages où elle a été traitée, soit in extenso, soit incidemment :

1529. **G. Tory**. — *Art et science de la deuc et vraye proportion des lettres.*

1530. **J. Palsgrave**. — *L'esclaircissement de la langue françoyse.*

1531. **J. Sylvius** (DUBOIS). — *In lingam gallicam isagoge.*

1532. **G. du Wes**. — *An introductorie for to rede and to speke french truly.*

1540. **E. Dolet**. — *La maniere de bien traduire d'une langue en aultre, de la punctuation françoyse, des accens d'ycelle.*

1542-1550. **L. Meigret**. — *Traité touchant le commun usage de l'escriture françoise. — Trelté de la grammère françoèze.*

1548. **G. des Autels**. — *Traité touchant l'ancien ortographe françois. — 1551. Réplique à L. Meigret.*

1549-1557. **R. Estienne**. — *Dictionnaire françois-latin. — Traicté de la grammaire françoise.*

1549. **J. du Bellay**. — *La défence et illustration de la langue françoyse.*

1550. **J. Péletier.** — *Dialogue de l'ortographe é prononciacion francoèse.*

1550. **J. Pillot.** — *Gallicæ linguæ institutio.*

1555. **J. Périon.** — *Dialogi de linguæ gallicæ origine.*

1556. **Taillemont.** — *La Tricarite.*

1558. **J. Garnier.** — *Institutio gallicæ linguæ.*

1559. **A. Mathieu.** — *Devis de la langue françoyse.*

1561. **E. Pasquier.** — *Les recherchés sur la France.* — 1572. *Lettre à Ramus.*

1562. **P. Ramus** (DE LA RAMÉE). — *Gramère.*

1565. **P. Ronsard.** — *Abrégé de l'art poétique françois,* préface.

1565-1582. **H. Estienne.** — *Traicté de la conformité du language françois avec le grec.* — *Hypomneses de gallica lingua.*

1571. **A. de Baïf.** — *Etrénes de poézie fransoèze.*

1578. **H. Rambaud.** — *La déclaration des abus que l'on commet en escrivant.*

1579. **L. Joubert.** — *Dialogue sur la cacographie fransaise.*

1580. **C. de Saint-Liens.** — *De pronuntiatione linguæ gallicæ.*

1583. **C. Mermet.** — *La practique de l'orthographe françoise.*

1584. **T. de Bèze.** — *De francicæ linguæ pronuntiatione.*

1587. **E. Tabourot.** — *Dictionnaire des rimes françoises.*

1596. **P. Lanoue.** *Traité d'orthographe.*

1606. **F. Malherbe.** — *Commentaires sur les œuvres de Desportes.*

1606. **J. Masset.** — *Acheminement à la langue françoise.*

1606. **J. Nicot.** — *Thrésor de la langue françoyse.*

1608. **Palliot.** — *Le vray orthographe françois.*

1609. **R. Poisson.** — *Alfabet nouveau de la vrèe et pure ortografe.*

1609. **E. Simon.** — *La vraye et ancienne orthographe restaurée.*

1609. **P. Le Gaygnard.** — *L'aprenmolire françois.*

1618. **C. Expilly.** — *L'orthographe selon la prononciation.*

1620. **J. Godard.** — *La langue françoise.*

1625. **C. Maupas.** — *Grammaire et syntaxe françoise.*

1633. **A. Oudin.** — *Grammaire françoise rapportée au langage du temps.*

1635. **P. Monet.** — *Inventaire des deus langues françoise et latine.*

1647. **C. de Vaugelas.** — *Remarques sur la langue françoise.*

1647. **La Mothe le Vayer.** — *Lettres touchant les nouvelles remarques de la langue françoise.*

1649. **P. Boyer.** — *Dictionnaire servant de bibliothèque universelle.*

1650. **Ménage.** — *Origines de la langue françoise.* — 1672. *Observations sur la langue françoise.*

1651. **Noel François.** — *Discours sur les difficultez de l'orthographe françoise.*

1651. **S. Dupleix.** — *Liberté de la langue françoise dans sa pureté.*

1654. **Frémont d'Ablancourt.** — *Dialogue des lettres de l'alphabet.*

1659. **L. Chifflet.** — *Essay d'une parfaite grammaire de la langue françoise.*

1660. **C. Lancelot.** — *Grammaire générale et raisonnée.*

1661. **A. de Somaize.** — *Le grand dictionnaire des précieuses.*

1662. **Perrot d'Ablancourt.** — *Préface d'une traduction de Thucydide.*

1663. **S. Moinet.** — *La science de lire é d'écrire françois.*

1664. **P. Corneille.** — *Avis au lecteur*, préface de son théâtre.

1668. **L. de l'Esclache.** — *Les véritables règles de l'ortôgrafe francèze.*

1668. **M. Buffet.** — *Nouvelles observations sur la langue françoise.*

1669. **Mauconduit.** — *Traité de l'orthographe.*

1669. **N. Lartigaut.** — *Les progrès de la véritable ortographe.*

1673. **Académie française.** — *Cahiers de remarques sur l'orthographe*, publiés par Ch. Marty-Laveaux, en 1863.

1674. **O. Patru.** — *Remarques sur les remarques de Vaugelas.*

1674. **D. Bouhours.** — *Remarques nouvelles sur la langue françoise.*

1675. **N. Bérain.** — *Nouvelles remarques sur la langue française.*

1680. **P. Richelet.** — *Nouveau dictionnaire françois.*

1683. **F. Charpentier.** — *De l'excellence de la langue françoise.*

1684. **C. de Rochefort.** — *Dictionnaire françois.*

1687. **J. Hindret.** — *L'art de bien prononcer et de bien parler la langue françoise.*

1687. **T. Corneille.** — *Remarques sur la langue françoise.*

1688. **Alemand.** — *Guerre civile des François sur la langue.*

1690. **A. Furetière.** — *Dictionnaire universel.*

1690. **Audry de Boisregard.** — *Réflexions critiques sur l'état présent de la langue françoise.*

1692. **R. Milleran.** — *La nouvelle grammaire françoise.*

1693. **R. Rodilard**. — *Doutes sur la langue françoise.*

1694. **Académie française.** — *Dictionnaire.* (première édition).

1694-1722. **C. de Dangeau.** — *Traités sur des sujets de grammaire.*

1696. **De La Touche.** — *L'art de bien parler françois.*

1698. **De Soule.** — *L'orthographe en sa pureté.*

1704. **Trévoux.** — *Dictionnaire universel françois et latin.*

1705. **Regnier-Desmarais.** — *Traité de la grammaire françoise.*

1709. **C. Buffier.** — *Grammaire françoise sur un plan nouveau.*

1709. **N. Boindin.** — *Remarques sur les sons de la langue.*

1712. **Grimarest.** — *Eclaircissemens sur les principes de la langue.*

1715. **G. Vaudelin.** — *Nouvelle manière d'écrire comme on parle.*

1716. **P. de Launay.** — *Système pour apprendre l'orthographe.*

1716. **L'abbé Girard.** — *Vrais principes de la langue françoise.* — 1747. *L'ortografe française sans équivoques.*

1718. **Académie française.** — *Dictionnaire* (2ᵉ édition).

1725. **P. de Longue.** — *Principes de l'orthographe françoise.*

1725. **M. Jacquier.**— *Méthode facile pour apprendre l'orthographe.*

1730. **Restaut.** — *Principes généraux et raisonnés de la langue françoise.* — 1752. *Additions au Traité de l'orthographe françoise de C. Le Roy.*

1730. **L'abbé de Saint-Pierre.** — *Projet pour perfectioner l'ortografe.*

1730. **Latouche.** — *Art de bien parler français.*

1739. **C. Le Roy.** — *Traité de l'orthographe françoise.*

1740. **Goujet.** — *Bibliothèque françoise.*

1740. **Académie française.** — *Dictionnaire* (3ᵉ édition).

1751. **C. Dumarsais.** — *Articles de grammaire dans l'Encyclopédie méthodique.*

1753. **Antonini.** — *Principes de la grammaire françoise.*

1754. **C. Duclos.** — *Remarques sur la grammaire générale de Port-Royal.*

1754. **Choisy.** — *Journal de l'Académie françoise.*

1754. **F. de Wailly.** — *Principes généraux et particuliers de la langue françoise.* — 1782. *L'orthographe des dames.*

1757. **A. Harduin.** — *Remarques diverses sur la prononciation et sur l'orthographe.*

1760. **C. Bouillette.** — *Traité des sons et des caractères de la langue françoise.*

1761. **Féraud.** — *Dictionnaire grammatical de la langue française.*

1762. **Douchet.** — *Principes raisonnés de l'orthographe françoise.*

1762. **Académie française.** — *Dictionnaire* (4ᵉ édition).

1763. **M. Adanson.** — *Mémoires à l'Académie.*

1764. **Voltaire.** — *Dictionnaire philosophique* (art. *Orthographe*).

1765. **C. de Brosses.** — *Encyclopédie méthodique* (art. *Grammaire générale*).

1766. **S. Cherrier,** — *Equivoques et bizarreries de l'orthographie.*

1767. **L'abbé d'Olivet.** — *Remarques sur la langue françoise.*

1767. **F. Lacombe.** — *Dictionnaire du vieux langage françois.*

1767. **N. Beauzée.** — *Encyclopédie méthodique* (art. *Orthographe et Néographisme*). — *Grammaire générale et raisonnée.*

1768. **J.-B. Bullet.** — *Mémoires sur la langue celtique.*

1777. **Fromant.** — *Remarques sur la grammaire de Port-Royal.*

1777. **J.-B. Roche.** — *Entretiens sur l'orthographe françoise.*

1784. **Turgot.** — *De l'étymologie* (dans l'*Encyclopédie méthodique*).

1784-1787-1805. **U. Domergue.** — *Journal de la langue française.* — *Manuel des étrangers.*

1785. **Montmignon.** — *Système de prononciation figurée.*

1787. **Le Brigant.** — *Observation sur les langues.*

1798. **Académie française.** — *Dictionnaire* (5ᵉ édition).

1800. **Boiste.** — *Dictionnaire de la langue française.*

1802. **J. Boinvilliers.** — *Grammaire raisonée de la langue française.*

1803. **Gattel.** — *Dictionnaire de la langue françoise.*

1807. **Feydel.** — *Remarques philosophiques et grammaticales sur le Dictionnaire de l'Académie.*

1811. **Girault-Duvivier.** — *Grammaire des grammaires.* — 1856. Edition revue par A. Lemaire.

1812. **G. Henry.** — *Histoire de la langue française.*

1815. **La Rue.** — *Langues des Celtes et des Francs.*

1819. **Gaudette.** — *Dictionnaire universel de la langue française.*

1819. **C. Volney.** — *L'alphabet européen.*

1829. **Lemare.** — *Cours de la langue française.*

1829. **Marle**. — *Appel aux Français.* — *Réforme orthographique.*

1826. **A. Vanier**. — *La réforme orthographique aux prises avec le peuple.*

1829. **Roquefort**. — *Glossaire de la langue romane.*

1829. **C. Nodier**. — *Variétés littéraires,* ch. 51. — *Examen critique des dictionnaires français.* — 1834. *Notions de linguistique.*

1831. **H. Faure**. — *Composition d'un nouvel alphabet.*

1835. **Académie française**. — *Dictionnaire* (6ᵉ édition).

1837. **Daniel**. — *Leçons de français à l'usage de l'Académie.*

1839. **G. Fallot**. — *Recherches sur les dialectes au treizième siècle.*

1842. **Charassin**. — *Dictionnaire des racines et dérivés de la langue française.*

1841-1858. **Legoarant**. — *Dictionnaire critique de la langue française.*

1841. **J.-J. Ampère**. — *Formation de la langue française.*

1844. **Raynouard**. — *Lexique roman.*

1845. **Lange**. — *Du passage des mots latins aux mots français.*

1845-1846. **F. Génin**. — *Variations de la langue française.* — *Récréations philologiques.*

1845-1848. **F. Wey**. — *Remarques sur la langue française.* — *Histoire des révolutions du langage.*

1845. **J. Buyssens**. — *Les particules dans la langue française.*

1847. **Malvin-Cazal**. — *Prononciation de la langue française au dix-neuvième siècle.*

1847. **Le Gonidec**. — *Dictionnaire breton-français.*

1849. **B. Jullien**. — *Cours supérieur de grammaire.* — 1855 *Thèses de grammaire.* — 1862. *Principales étymologies de la langue française.*

1849. **E. Fournier**. — *Essai historique sur l'orthographe.*

1851. **A. Féline**. — *Mémoire sur la réforme de l'alphabet.* — *Dictionnaire de la prononciation.*

1852. **E. Duméril**. — *Essai philosophique sur la formation de la langue française.*

1852. **Egger**. — *Notions élémentaires de grammaire comparée.* — 1865. *Observations sur un procédé de dérivation en français.*

1853. **F. Diez.** — *Lexicon etymologicon.*

1853. **C. Laloy.** — *Balance orthographique et grammaticale de la langue française.*

1853. **F. Danne.** — *Manuel d'orthographe raisonnée.*

1853. **A. de Chevallet.** — *Origine et formation de la langue française.*

1854. **A. Erdan.** — *Les révolutionnaires de l'A B C.*

1855. **Ochando.** — *Projet d'une langue universelle.*

1856. **Burguy.** — *Grammaire de la langue d'oïl.*

1856. **B. Pautex.** — *Errata du Dictionnaire de l'Académie.*

1856. **Poitevin.** — *Grammaire générale et historique de la langue française.*

1857. **Léger Noel.** — *Les anomalies de la langue française.*

1858. **C. Henricy.** — *Traité de la réforme de l'orthographe.*

1859. **Dochez.** — *Dictionnaire de la langue française.*

1859. **C. Livet.** — *La grammaire et les grammairiens au seizième siècle.*

1860. **A. Tassis.** — *Guide du correcteur et du compositeur.*

1862. **G. Pâris.** — *Etude sur le rôle de l'accent latin dans la langue française.* — 1868. *Grammaire historique de la langue française.*

1863. **C. Nisard.** — *Curiosités de l'étymologie française.*

1864. **Max Muller.** — *La science du langage.*

1864. **P. Terzuolo.** — *Etudes sur le Dictionnaire de l'Académie.*

1864. **Jaubert.** — *Glossaire du centre de la France.*

1865. **E. Littré.** — *Histoire de la langue française.* — 1863-1872. *Dictionnaire de la langue française.*

1865. **J. Dunand.** — *Nouvelle méthode d'orthographe.*

1865. **E. Négrin.** — *De la fixation de la langue française.*

1865-1878. **Académie française.** — *Dictionnaire historique de la langue française* (les deux premiers volumes).

1865. **P. Meyer.** — *Etudes de Littré sur la langue française.*

1866. **Pellissier.** — *La langue française.*

1866. **E. Raoux.** — *Orthographe rationnelle.* — 1878. *Les cerveaux noirs et l'orthographe.*

1867. **A.-F. Didot.** — *Observations sur l'orthographe française.* — 1872. *Remarques sur l'ortografie française.*

1867. **A. Hétrel.** — *Code orthographique, monographique et grammatical.*

1867. **A. Brachet.** — *Grammaire historique de la langue française.* — 1868. *Dictionnaire étymologique.* — *Dictionnaire des doublets.*

1868. **E. Martin.** — *Le Courrier de Vaugelas.*

1868. **A. Chabaneau.** — *Histoire et théorie de la langue française.*

1868. **Ballu.** — *Essai d'un alphabet universel.*

1869. **J. Tell.** — *La transformation permanente de la langue française.* — 1875. *Les grammairiens français.*

1870. **Institut génevois.** — *Programe de la nouvèle ortografe.*

1872. **Granier de Cassagnac.** — *Histoire des origines de la langue française.*

1875. **Sainte-Palaye.** — *Glossaire de l'ancien français.*

1875. **A. Darmesteter.** — *Traité de la formation des mots de la langue française.* — 1877. *De la création des mots nouveaux.*

1875. **H. Cocheris.** — *Histoire de la grammaire.*

1875. **A. Loiseau.** — *Histoire des progrès de la grammaire en France.*

1875. **C. Marty-Laveaux.** — *De l'enseignement de notre langue.* — *Grammaire historique.*

1875. **A. Scheler.** — *Transformation française des mots latins.*

1875. **C. Ayer.** — *Phonologie de la langue française.* — 1882. *Grammaire comparée de la langue française.*

1876. **C. Aubertin.** — *Histoire de la langue et de la littérature françaises au moyen âge.*

1877. **P. Jozon** — *Des principes de l'écriture phonétique.*

1878. **I. Lefort.** — *Grammaire de la parole.*

1878. **Liotard.** — *Du néologisme.*

1878. **Léauteaud.** — *Irrégularités orthographiques de la langue française.*

1878. **Académie française.** — *Dictionnaire* (7ᵉ édition).

1880. **Courtat.** — *Monographie du Dictionnaire de l'Académie.*

1881. **C. Thurot.** — *De la prononciation française.*

1881. **Société des correcteurs.** — *Changements orthographiques dans le Dictionnaire de l'Académie* (1878).

1883. **D. Périer.** — *La vérité sur l'art d'écrire.*

1886. **Pourret.** — *Dictionnaire étymologique.*

1886-1889. **P. Passy.** — *Buletin mansuel de la réforme ortogra-fique.* — 1889. *Les sons du fransais.*

1887. **F. Brunot.** — *Grammaire historique de la langue fran-çaise.*

1887-1890. **L. Havet.** — *La simplification de l'orthographe.*

1888. **Ch. Roussey.** — *De la réforme de l'orthographe.*

1889. **Ferrette.** — *Trété dekritûr fonetik.*

1889. **Vapereau.** — *L'orthographe française.*

1890. **M. Bréal.** — *La réforme de l'orthographe française.*

1890. **Leforestier.** — *Manuel du correcteur.*

1890. **V. Delaporte.** — *La révision de l'orthographe.*

APPENDICE

I

RÉPONSE A M. L. HAVET

M. L. Havet a bien voulu examiner ma brochure dans la *Revue critique* du 21 octobre dernier. Je lui dois quelques lignes de réponse dans l'intérêt de la cause que nous défendons tous deux, chacun à notre manière, mais avec le même souci du progrès et la même sincérité de conviction.

Pour la clarté de la discussion et l'édification du lecteur, je transcrirai d'abord l'article auquel je réponds :

Je ne puis parler qu'avec partialité d'un ouvrage qui appuie l'idée de la simplification de l'orthographe, et dont l'auteur a cordialement adhéré à la pétition par moi rédigée. Le lecteur ainsi averti, je puis lui dire que l'esprit de la brochure publiée par M. Lebaigue me paraît excellent, et que presque toutes les conclusions de l'auteur sont en même temps les miennes. Il veut écrire *les chevaus, la pais, je peus ; — filosofie, foque ; — la seur, le beuf ; — prudant, prudance, prudammant* (j'aimerais mieux *prudamant)* *— l'analise, les ieux, nous voions, le tilburi* (de sorte que la lettre *y* serait abolie) ; — *au-desus, déservir, bone, chiène.* Partout il prêche la modération, mais en même temps il sait montrer de la hardiesse ;

pour ma part, j'ai eu diverses occasions de prôner et l'une et l'autre ; on voit que même sur la question la plus délicate, celle de la mesure, nous sommes bien près d'être en parfait accord.

Sur un seul point important je combattrais les conclusions de M. Lebaigue. Il veut de nouveaux signes diacritiques, un trait sous *h* aspirée, une cédille sous *t* sifflant, un point sur *g* chuintant. Ce sont là autant d'expédients sans utilité profonde. Car, dans une orthographe réformée complètement, la lettre *h* ne serait jamais muette, le *t* sifflant serait remplacé par *s*, le *g* chuintant par *j*. Ces caractères compliqués ne peuvent donc servir, tout au plus, qu'à faciliter une transition, qu'à ménager certaines répugnances passagères. On les créerait sachant qu'ils sont destinés à disparaître ; on en encombrerait l'alphabet typographique, avec l'arrière-pensée qu'un jour ils en seraient chassés. Ce n'est pas ainsi que doivent se faire les réformes ; elles ne sont bonnes que si elles préparent les réformes ultérieures. Réduisons par exemple *cœur* à *cœr*, en donnant à *œ* la valeur qu'il a déjà dans *œil*. Voilà un caractère simple dûment affecté au son simple *eu* ; voilà, pour un avenir prochain, un moyen d'éliminer les notations vicieuses *cue*, *gue* (car on pourra écrire *cœillir*, *orgœil*) ; enfin, pour l'avenir lointain, voilà la possibilité d'unifier définitivement tous les sons *eu*, et d'écrire d'une même façon *cœur*, *hauteur*, *fauteuil*, *accueil*, *œil*. Autre exemple : la lettre *j* est inventée depuis trois siècles, et depuis plus de cent ans elle a son rang dans l'alphabet : il est temps de savoir la mettre en valeur. Écrivons donc *pijon*, *gajure*, *jujer*, *saje*. L'introduction du *g* pointé serait stérile ; celle du *j* au contraire aura été une réforme féconde, si nous savons récolter ce que nos pères ont semé.

En matière de théorie, je dois dire que je vois les choses autrement que M. Lebaigue. A mes yeux, on ne doit considérer en orthographe que deux choses, la prononciation, qui indique les réformes à faire, et l'habitude, qui oblige à ne les faire que peu à peu ; l'étymologie n'a pas voix au chapitre et compte pour zéro[1]. M. Lebaigue tient au contraire à l'orthographe dite étymologique. S'il veut un *t* cédillé, c'est qu'à cause de l'étymologie il ne peut supporter l'idée d'écrire *inersie* à côté d'*inerte* ; l'étymologie, suivant lui, exige la permanence du *t* dans les mots de même origine. Ce principe est gênant ; allons-nous inventer toute une série de

---

[1] Il serait trop long d'expliquer ici les motifs qui justifient une opinion si tranchée. Si le lecteur se sent un penchant à favoriser l'étymologie dans l'orthographe, qu'il essaie de donner à son instinct une formule. Il ne sera pas long à démêler l'illusion et à chasser la chimère. *(Note de M. Havet).*

nouveaux caractères afin d'unifier pour l'œil les consonnes de *hauteur* et *hausser*, d'*analyse* et *analytique*, de *vif* et *vive*, de *dix* et *dizaine*, de *verte* et *verdir*, de *plainte* et *plaignant*, de *coudre* et *cousu*, de *moudre* et *moulu*, et les voyelles de *boivent* et *buvons*, de *tiennent* et *tenons*, de *mer* et *marin*, de *neuf* et *nouveau* ? D'ailleurs, ce principe de l'étymologie est forcément en conflit avec l'autre principe, celui de la prononciation. Pour l'étymologie, et en dépit de la prononciation, M. Lebaigue écrit *inertie* (avec cédille) plutôt qu'*inersie* ; pour la prononciation, et en dépit de l'étymologie, il écrit *tilburi*, *foque* et *prudant*. C'est servir deux maîtres à la fois. Le pur phonétiste est à l'abri de ce reproche, même s'il est modéré et patient. Il accorde aux usages, aux préjugés même, le droit de ralentir la réforme, mais, le regard fixé sur un but unique, il y pousse toujours, et toujours dans le même sens. S'il est prêt à subir philosophiquement le retard qui vient d'autrui, du moins il ne compromet pas le mouvement par une déviation venue de lui-même.

Parmi les partisans de l'orthographe étymologique, M. Lebaigue a cru pouvoir compter Arsène Darmesteter. C'est, je crois, une erreur. Darmesteter appartenait à l'école phonétique et en était un des chefs. Il voulait qu'un jour on en vînt à écrire *le siel* et *la nasion* par des *s*, qu'un jour *c* remplaçât *qu* dans *qui* et *que*. Il accordait aux timides tous les tempéraments imaginables pour la transition, mais sous forme d'ajournements, non de concessions définitives. S'il a fait quelques réserves personnelles, ce n'a été que sur des points qui ne sont pas de pure orthographe (il tenait par exemple à écrire l'*s* muet du pluriel, parce qu'il reparaît parfois dans les liaisons, et qu'il joue un rôle conventionnel en poésie). Hâtons-nous de le dire, ce n'est pas M. Lebaigue qui a mal lu, c'est Darmesteter qui a laissé échapper une formule inexacte en déclarant que les deux mots *orthographe phonétique* jurent de se voir accouplés. Heureusement sa véritable pensée se dégage sans peine du contexte ; car son argument, celui des divergences personnelles, porterait aussi bien contre l'orthographe « étymologique » (ainsi, les académiciens étymologistes de 1878 écrivent *aphte*, M. Lebaigue, étymologiste aussi, préfère *afthe*). En réalité, ce qu'a voulu combattre Darmesteter, n'est nullement l'orthographe fondée sur la seule prononciation, c'est l'orthographe fondée sur la prononciation des individus. Et en effet, une *orthographe*, c'est-à-dire une orthodoxie dans la façon d'écrire, ne peut être qu'une règle commune à tous ; que serait une orthodoxie pour chacun ? Darmesteter, je ne puis avoir là-dessus aucun doute, aurait accepté la formule phonétiste suivante, où l'étymologie n'entre pour rien :

« L'orthographe deviendra, et il est bon qu'elle devienne une notation exacte de l'orthoépie. »

Cette formule, pour le dire en passant, en engendre une autre digne d'être considérée : « L'orthoépie sera un jour, et il est bon qu'elle soit une épellation exacte de l'orthographe. » De sorte qu'au terme de l'évolution, l'orthographe aura son maximum de simplicité, l'orthoépie son maximum de rigueur. Alors la langue, que certains croient compromise par les innovations orthographiques, aura reçu d'elles, tout au rebours, un caractère d'unité et de stabilité qu'elle n'a jamais eu jusqu'ici. Peut-être même arrivera-t-elle à une prononciation littéralement immuable ; on peut imaginer l'Académie dépositaire d'un phonographe étalon, qui sauvegardera l'incorruptibilité des sons français à travers les siècles. En tout cas la réalité sera, m'est avis, bien opposée à ce que s'en figure M. Lebaigue : « La prononciation, abandonnée à elle-même (*C'est maintenant qu'elle l'est*), varierait bientôt (*C'est maintenant qu'elle varie*) non seulement de ville à ville et d'homme à homme, mais chez le même individu... »

Mais c'est assez contredire l'auteur d'un travail étudié et sincère, surtout quand on ne s'écarte de lui que sur les détails ou sur l'abstraction. Que le lecteur lise avec soin M. Lebaigue, qu'il me fasse l'honneur de tenir compte de mes objections, et qu'il se fasse un avis lui-même, sans hâte et sans parti pris, car ces petites questions en valent la peine ; les minuties d'une mauvaise orthographe coûtent des millions au pays qui a la faiblesse de la garder.

Louis HAVET.

Après avoir constaté que nous sommes en complet accord sur certains points, M. L. Havet arrive aux questions, ou, pour parler exactement, à la question qui nous divise : question essentielle et qui touche au fond même de la réforme orthographique.

M. L. Havet me blâme de vouloir introduire dans l'écriture certains signes diacritiques, par exemple, un trait sous l'*h* aspirée, une cédille sous le *t* sifflant, un point sur le *g* chuintant. Il a peut-être raison. Ces signes, j'en avais proposé l'emploi pour faciliter l'apprentissage de la lecture aux enfants de nos écoles et aux étrangers qui apprennent le français dans les livres ; mais, à vrai dire, je n'y tiens pas plus que de raison; et, s'il est avéré qu'ils doivent compliquer l'outillage et grever les dépenses de l'industrie typographique, j'y renonce bien volontiers. En réalité, le débat n'est pas là. Ce à quoi je tiens, c'est à conserver les lettres dont ces signes diacritiques ne seraient qu'un appendice; ce que je demande instamment, c'est que l'on continue à écrire *histoire* comme on écrit *héros*, *mangeons* comme on écrit *manger*, *inertie* comme on écrit *partie*. De son côté, M. L. Havet plaide avec non moins d'instance pour les graphies *istoire*, *manjons*, *inersie*. Pourquoi cette divergence? C'est que nous partons d'un principe absolument différent. Pour M. L. Havet, en matière d'orthographe, la prononciation est chose souveraine, et *l'étymologie compte pour zéro*. J'estime, quant à moi, qu'en matière d'orthographe, l'étymologie doit entrer en ligne de compte, tout comme la prononciation.

J'ai exposé du mieux que j'ai pu les motifs de mon sentiment. Notre langue comprend deux classes de mots créés à des époques différentes, les uns par l'oreille et pour l'oreille, les autres par les yeux et pour les yeux. Leur histoire, qui est l'histoire de la langue elle-même, ne peut se comprendre que par la connaissance de leur origine. Or, si les lois de la transformation phonique expliquent l'origine des uns, celle des autres ne s'explique que par la permanence des éléments visibles, par ce qu'on est convenu d'appeler la règle de l'étymologie. Pour m'en tenir aux exemples qu'on me cite, la persistance de l'accent latin, et, par suite, la chute des lettres atones, l'intercalation des lettres euphoniques, la permutation des lettres similaires, m'enseignent comment on remonte de *boire* à *bibere*, de *plaignant* à *plangentem*, de *moudre* à *molere*, de *vif* à *vivus*; par contre, la configuration graphique peut seule m'apprendre que *inertie* vient de *inertia*, et semblablement *nation* de *nationem*, *partial* de *partialis*. Les formes *inersie, nasion, parsial*, sont illogiques et trompeuses. La démonstration pourrait s'étendre à une foule d'autres cas.

Les deux procédés d'écriture sont donc également rationnels, également nécessaires; d'où l'on peut déduire cette vérité, que l'écriture n'est pas seulement la reproduction de la parole, mais qu'elle est aussi, dans une certaine mesure, un moyen de notation qui conserve aux mots une sorte d'individualité propre et leur physionomie originelle.

Ces raisons n'ont pas convaincu M. L. Havet, je le regrette; mais, à mon tour, je dois lui dire, avec la franchise et la courtoisie dont il m'a donné l'exemple, que ses objections ne sont pas pour m'ébranler. A l'entendre, les partisans de l'orthographe « étymologique » obéissent, non à une règle, mais à une sorte d'instinct qui ne saurait trouver sa formule; de là leurs inconséquences. « Pour l'étymologie, me dit-il, et en dépit de la prononciation, vous écrivez *inertie* plutôt que *inersie*; et, en dépit de l'étymologie, vous écrivez *tilburi, foque* et *prudant*. C'est servir deux maîtres à la fois. » Cette proposition est très vraie, et je n'y contredis pas. Mais ce qui paraît un vice à M. L. Havet, je le regarde précisément comme un mérite. Au rebours des phonétistes, de ceux-là du moins qui se refusent à toute transaction, les partisans de l'orthographe étymologique admettent certaines infractions à leur principe, pour se rapprocher d'une tradition consacrée et aboutir à un avantage incontestable. C'est ce qui a lieu dans l'espèce. La substitution de l'*i* à l'*y*, celle de l'*f* au *ph*, celle de la voyelle *an* à la voyelle *en* dans certains suffixes, sont autant de dérogations à la règle de l'étymologie; mais ce sont des dérogations qui ont de nombreux précédents dans l'histoire de la langue écrite, et qui par cela même sont appelées tôt ou tard à supplanter la règle. L'avantage de ces substitutions, c'est d'unifier une notable partie du vocabulaire, c'est de ne pas laisser subsister côte à côte *milord* et *tilbury*, *fantôme* et *phoque*, *constant* et *prudent*; en un mot, c'est d'arriver à une simplification que tout le monde désire. M. L. Havet ne saurait s'en plaindre.

Ici évidemment je sacrifie le principe de l'étymologie aux nécessités, ou, si l'on veut, aux commodités de la prononciation. Mais est-ce que M. L. Havet ne fait pas, à l'occasion, un sacrifice en sens inverse? Il est tout prêt, je le suppose, à écrire, textuellement ou à peu près, des phrases comme celles-ci : *défions-nous de ces vains discours*; — *elles étaient sourdes aux mauvais conseils*; — *louez tout homme qui sert la patrie*. Et cependant, dans ces quelques mots, que de lettres muettes et proprement étymologiques ! En est-il une seule qui lui paraisse une lettre de luxe, une seule qu'il consentirait à éliminer, sous prétexte qu'elle ne correspond pas à la prononciation? Non, sans doute. M. L. Havet fait donc ici comme moi et comme tout le monde : il sert deux maîtres à la fois, ou plutôt il concilie ce que les exigences de l'un et de l'autre ont de légitime. Dès lors, ce n'est plus entre nous qu'une affaire de mesure. Après avoir cédé sur un point, il demeure, à tort ou à raison, inflexible sur un autre ; mais il n'est plus enchaîné par une théorie, il n'a plus le droit de soutenir qu'en matière d'orthographe l'étymologie compte pour zéro.

On dira peut-être que ce ne sont là de sa part que des concessions momentanées, et qu'il vise à s'affranchir un jour ou l'autre de tout compromis avec l'étymologie et la grammaire. Il n'en est rien. Ce serait tomber dans le phonétisme pur, et je ne le crois pas disposé à faire une pareille chute. Darmesteter a bien dit ce qu'il voulait dire, en traitant de chimère l'orthographe phonétique : il aurait pu ajouter que, chaque fois que cette chimère a essayé de prendre un corps, ça été pour devenir la plus décevante des réalités. Sans remonter à Meigret, ni à Dangeau, ni à Marle, il suffit de considérer ce que les réformateurs de Lausanne nous offrent aujourd'hui comme le summum du progrès graphique :

L'ignoranse dè vouazèn z è t un danjé qon devrè qonjuré, ne fuse qe par égoizme, qome on va ô seqour de leur mèzon quant èle brule[1]. Voilà ce que devient sous la plume d'un phonographe pratiquant la pensée d'un honnête et judicieux écrivain.

Quelques-uns, plus entreprenants, mais aussi plus logiques, seraient tentés d'aller au delà. « Pour l'oreille, disent-ils, l'article est inséparable du substantif; le pronom du verbe, la préposition de son complément : pourquoi hésiterait-on à écrire *lelivre*, *illit*, *jelevois*, *avous* ? Mais alors il n'y a pas de raison de s'arrêter en si bon chemin. Encore un peu, et l'on nous exhibera les *catrom*, les *bozanimo*, les *kitladi*, et autres phénomènes tenus en réserve par les enfants terribles du néographisme. Et qu'on ne crie pas à l'invraisemblance et à l'horreur. Du moment que les mots ont perdu les signes qui marquaient leur provenance et constituaient leur état-civil, il est tout naturel qu'ils s'accouplent dans les assemblages les plus monstrueux. Cela est navrant, mais inévitable. « Les phonétistes, dit M. Bréal, sont des barbares qui, si on les laissait faire, feraient rapidement du français un conglomérat fossile où les seuls linguistes pourraient encore démêler les mots et découvrir la trace d'une ancienne grammaire. »

Bien certainement, le phonétisme dont M. L. Havet annonce la venue et souhaite le triomphe, répugne à de pareilles aberrations. Mais, si mitigé, si conciliant qu'il soit, il ne laisse pas d'être inquiétant. Il est des pentes fatales où les esprits les plus solides ont peine à se retenir.

---

[1] E. Raoux, *Supplément à l'orthographe rationnelle*, cité par A. Didot.

Au point où il en est, M. L. Havet touche à la limite qui sépare l'écriture proprement dite de la cacographie. Gare au fossé, et surtout à la culbute !

Et puis, à côté des dangers, il y a les illusions. M. L. Havet se figure qu'un des bienfaits du phonétisme serait l'uniformité et la stabilité de la langue écrite. Il est dupe de ses désirs, et là encore l'expérience est contre lui. Rien n'est moins conforme aux données de Meigret que les applications de Marle et de ses adeptes ; et, d'étape en étape, les écarts n'ont fait que s'accentuer. Les phonétistes ne reconnaissant d'autre loi que celle de l'oreille, qui peut empêcher les uns d'écrire *suksè, vouezèn, celce,* etc., là où les autres écrivent *suqsè* ou *suxè, voizin, qelqe* ou *kelke*? Ces variantes ne donnent-elles pas une égale satisfaction à l'oreille ?

En pareille affaire, tout le monde est libre, et tout le monde a raison. Mais que devient alors le caractère d'unité qu'on se flatte de donner à l'*écriture de l'avenir*? Et en quoi cette écriture sera-t-elle d'une conformation plus simple et d'un apprentissage plus facile ? Sans compter qu'il y a encore d'autres causes de zizanie. Je ne parle pas des disciples de Domergue, qui travaillent à déboulonner l'alphabet pour le réédifier de fond en comble ; mais, parmi ceux qui consentent à le conserver tel quel, combien en est-il qui s'entendent sur la valeur qu'il convient désormais d'attribuer aux signes alphabétiques ? Autant d'écoles, autant de programmes. J'ai sous les yeux le prospectus d'un nouveau *trété d ekritûr,* dont le sous-titre est ainsi libellé : *præmiêr luœr dœ la sïas fonetik proprœmà dit, e èstrumàt èdispâsâbl dœ twt ræcerc filolojik serïœs, kom dœ l àsenïmà regulie dœ twt làg, etràjer w maternel*[1].

---

[1] Ferrette, cité par M. Bréal. — Cette nouvelle variété d'écriture phonétique nous arrive encore tout droit de Lausanne. Elle pouvait tout aussi bien nous arriver de Gand ou de Bruxelles. On ne se défie pas assez de la Suisse et de la Belgique, habituées à écouler en France des produits de contrebande.

Cette adaptation inédite des lettres en usage sera sans doute comprise et agréée par un certain nombre d'initiés ; mais, il n'y a pas de raison pour qu'elle s'impose aux groupes dissidents qui, de leur côté, ont imaginé une tout autre désaffectation de l'alphabet. Conflit très intéressant sans doute, et même assez divertissant pour les débrouilleurs de logogriphes, mais qui, loin d'apporter à la future orthographe *son maximum de simplicité*, ne fera qu'en accroître le désordre et les complications.

Puis, indépendamment de tous ces obstacles, reste toujours l'objection tirée des différences de la prononciation. Je renvoie à ce qu'en a dit Darmesteter[1], et j'ajoute avec un spirituel écrivain : « Pour rendre la langue écrite entièrement conforme à la langue parlée, il faudrait admettre qu'il y a une langue parlée établie, fixe, invariable, et que tout le monde prononce bien ; or c'est ce qu'il est difficile de croire. Il faudrait voir, si cette logocratie impossible s'établissait, comment on ferait parler Montesquieu à Bordeaux et Gresset à Amiens. Imaginez-vous les *Pensées* de Pascal ou les *Jardins* de Delille, imprimés, selon l'arbitre de sa prononciation, par un ouvrier de Saint-Flour ou d'Aurillac. Le résultat inévitable d'une pareille méthode serait l'introduction de cent langues nouvelles dans la langue, et peut-être de davantage ; car il n'y a pas de village en France, que dis-je ? il n'y a pas un homme qui soit d'accord avec un autre sur tous les faits de la prononciation[2] ». M. Havet ne voit là qu'une difficulté passagère. Il espère que la langue arrivera à une prononciation littéralement immuable, et se représente l'Académie dépositaire d'un phonographe étalon, qui sauvegardera l'incorruptibilité

---

[1] Voyez pages 14 et 15.
[2] Ch. Nodier, *Variétés littéraires*, 41.

des sons français à travers les siècles. » C'est là une espérance dont la réalisation est bien problématique et, en tout cas, bien lointaine dans l'avenir. Présentement, elle ressemble fort à un rêve; mais ce qui est une triste réalité, c'est qu'en attendant le règne de l'orthoépie, le phonétisme ne peut qu'embrouiller le problème de l'orthographe.

Ainsi, à quelque point de vue qu'on se place, d'un principe mauvais en soi il ne peut sortir que de fâcheuses conséquences.

Tel est le sentiment général, et l'on serait tenté de croire que M. L. Havet lui-même en subit, malgré lui, l'influence. La pétition réformiste qui circule en ce moment sous son nom s'est couverte d'un grand nombre de signatures, dont quelques-unes sont considérables. A quoi tient ce succès? A la sagesse des considérants qu'il invoque et des innovations qu'il propose. Si à un programme motivé et pratique il avait substitué la déclaration dogmatique et radicale que l'on sait, s'il avait posé le principe du phonétisme comme la base de la réforme orthographique, à cette heure, malgré l'autorité de son nom et de ses travaux, il ne compterait pas une centaine de suffragants, j'entends de ceux qui ont conscience de leur suffrage. Il se déclare prêt, dit-on, à revendiquer l'entière responsabilité d'une révolution phonétique : il peut le faire en toute sécurité ; car cette révolution ne se fera pas. Ce que désire la majorité du public, c'est une amélioration, non une transformation de ce qui est : elle ne souhaite rien tant que de voir l'écriture se rapprocher le plus possible de la parole; mais c'est à la condition qu'on ne faussera pas les ressorts de la langue, qu'on ne masquera pas des origines, qu'on ne fera pas litière de son passé.

Que M. L. Havet renonce donc à une conception systématique dont il serait le premier à déplorer les effets;

qu'il s'en tienne à l'esprit et à la lettre de sa pétition. Là est la vérité, et là aussi peut être le succès. C'est ainsi qu'il amènera à lui les indifférents et les irrésolus, et qu'après avoir conquis l'opinion, il aura chance de gagner sa cause auprès de l'Académie, qui, après tout, ne demande qu'à ratifier le vœu de l'opinion.

Un dernier mot. M. L. Havet me pardonnera d'avoir appuyé sur notre désaccord un peu plus fortement qu'il ne l'avait fait lui-même. Ce n'est peut-être pas le moyen de le faire cesser quant à présent, mais c'est le moyen de solliciter l'attention de ceux qui nous lisent. Plus la question aura été posée nettement, plus la discussion en sera efficace et plus la solution en sera prompte : ce que nous souhaitons tous.

II

M. BRÉAL ET LA RÉFORME

Mis en cause par la pétition Havet, et publiquement désigné d'ailleurs par sa haute compétence, M. Bréal ne pouvait se dispenser d'intervenir dans la polémique dont l'orthographe française est l'objet. Dans un des derniers numéros de la *Revue des Deux-Mondes*[1], il a traité le sujet avec une telle abondance de faits et de raisons, que, si rien n'est encore résolu, tout du moins, grâce à lui, est singulièrement élucidé.

Au dire de quelques-uns, le seul défaut de sa remarquable étude serait l'absence de conclusion, ou tout au moins de conclusion ferme. C'est là une erreur. M. Bréal n'a pas l'habitude de dissimuler son opinion ni d'en esquiver la responsabilité. On aurait pu attendre de lui une conclusion un peu plus large, on ne pouvait la souhaiter plus nette.

D'autre part, s'il faut en croire ceux qui ont vu avec regret naître et se développer *l'agitation orthographique*, le caractère tranchant et tant soit peu restrictif de cette conclusion aurait pour effet de couper court à toute controverse : après les paroles de M. Bréal, la question serait enterrée. C'est là une autre méprise, et celle-là plus

[1] 1er décembre 1889.

grave. Quelle que soit l'autorité du savant linguiste en pareille matière, et je la conteste moins que personne, elle est impuissante à enrayer un mouvement d'idées qui part de l'opinon publique. M. Bréal le sait bien : il est trop sensé, trop ami de la vérité et de la libre discussion, pour accepter le brevet d'omnipotence et d'infaillibilité qu'on lui confère si complaisamment. A ma connaissance, il a déterré bien des questions et les a mises en lumière, toujours avec talent, souvent avec succès; je ne sache pas qu'il ait jamais voulu en enterrer aucune.

De la lecture attentive de son article il résulte qu'il a sincèrement et clairement dit ce qu'il pense, et qu'il laisse le champ libre à ses contradicteurs, à ceux-là même qui se rapprochent le plus de son avis.

Après avoir reconnu que la question de réforme orthographique préoccupe une notable partie du public et se recommande par là même à l'attention des philologues et des littérateurs, il passe en revue les différents groupes qui l'ont soulevée et qui en poursuivent plus ou moins activement la solution.

En premier lieu, ce sont les *modérés*, c'est-à-dire ceux qui approuvent le principe de l'écriture actuelle, mais qui en même temps voudraient voir disparaître les bizarreries et les inconséquences qui la compliquent et la déparent. Par exemple, ils demandent qu'on écrive, conformément à la logique, *je peus* comme *je meus*, *genous* comme *clous*, *tutèle* comme *clientèle*, *nète*, comme *discrète*, *honeur* comme *honorer*, *bafond* comme *plafond*, *eau de vie* comme *eau de rose*, *nue tête* comme *tête nue*, etc. Il est vrai qu'ils réclament d'autres changements encore[1]; mais toutes leurs réclamations, soit en lexicographie, soit en grammaire, ils prétendent les

—————
[1] Voyez page 82.

appuyer sur l'étymologie, sur la tradition, sur l'analogie, en un mot sur les règles mêmes qui ont constitué la langue écrite.

Après eux, viennent les *néographes*, « qui étendent leur regard plus loin et qui aspirent à réformer l'instrument lui-même, c'est-à-dire l'alphabet et le système d'écriture. » Pour ceux-là, il s'agirait de procéder à une réorganisation des signes alphabétiques, de façon à éliminer les lettres surérogatoires et à attribuer une valeur unique à celles qui ont aujourd'hui un double ou un triple emploi : ce serait, dans une certaine mesure, la mise en œuvre de la doctrine qu'ont exposée, tout en s'en interdisant l'usage, les logiciens de Port-Royal. En vertu de cette loi nouvelle, on écrirait *lètre, bize, nasion, ome, fame, jujer, selui-si, kelke, qelqe* ou *celce, s'est biin*, etc. Toutefois il faut remarquer qu'en général ces rénovateurs de l'alphabet seraient disposés à conserver les lettres muettes qui expriment une flexion grammaticale : *elle est, les pères, nous lisons, ils aiment.* Ce cas excepté, ils refusent à la tradition et surtout à l'étymologie toute espèce de droit sur l'orthographe.

Arrivent enfin les *phonographes* ou *phonétistes*, « qui veulent qu'on écrive exactement ce qu'on entend, et rien de plus. » Un signe par son, un son par signe, telle est la formule, formule qui comporte des tempéraments en néographie, mais qui en phonétisme est absolument rigoureuse. En un mot, que la langue écrite soit la reproduction fidèle, la photographie de la parole, voilà la règle. Et maintenant en voici l'application : *Lè jeune z entellijanse son qome dè bouton de fleur qe lon orè plonjé dan l'ô boulante : èle z on perdu leur forse vital dan le chôdron fuman de la modern éduqasion*[1]. Comme on le

---

[1] E. Raoux, *Orthographe rationnelle*, cité par A. Didot.

voit, c'est une rupture complète avec l'écriture traditionnelle ; c'est plus qu'une réforme, c'est une révolution.

En même temps qu'il expose le programme des réclamants avec pièces à l'appui, M. Bréal discute et apprécie
la valeur de leurs réclamations respectives.

A la thèse des phonétistes il oppose des raisons bien
connues, mais qui gagnent encore en autorité sous sa
plume.

D'époque en époque, dit-il, on voit reparaître cet axiome, que
l'écriture doit être l'image de la parole. Sans doute elle est l'image
de la parole, mais elle est encore quelque chose de plus. Elle doit
apporter à la parole un surcroit de limpidité, car nous voyons les
mots en même temps que nous les entendons, et le trait complète
ce que le son ne fait qu'ébaucher. Ce n'est pas faire de l'écriture
l'estime qu'il convient, de la mettre sur le rang d'une simple sténo-
graphie. Quoique intimement unie à la parole et ne pouvant exister
sans elle, l'écriture est, jusqu'à un certain point, un art ayant ses
règles à lui et ses obligations spéciales. C'est ainsi qu'en rédigeant,
on nous demande d'autres qualités qu'en parlant, exigence légitime
et fondée, puisque en écrivant, nous avons à la fois plus de temps
pour réfléchir et moins de facilité pour nous reprendre.

Ailleurs il rappelle, après beaucoup d'autres, l'impossibilité où se trouveraient les phonétistes d'arriver à une
entente même apparente, le jour où ils seraient mis en
demeure de réaliser leurs théories. En effet, comment la
prononciation pourrait-elle servir de règle à l'écriture ?

Elle n'est pas la même dans toutes les parties de la France ; elle
n'est pas aujourd'hui ce qu'elle était il y a cent ans, et sans doute
elle est appelée à changer encore. Notre orthographe actuelle ne
gêne pas la parole, parce que personne ne lui demande une fidélité
rigoureuse ; mais avec une graphie nouvelle on verrait aussitôt
commencer les discussions.

Ainsi ceux qui se flattent de nous donner une écriture uniforme et immuable nous infligeraient bel et bien la plus instable, la plus capricieuse des écritures. Et que sait-on si l'on ne verrait pas se reconstituer peu à peu les dialectes particuliers à chaque ancienne province, au grand préjudice de l'unité nationale. S'il faut souhaiter la décentralisation quelque part, assurément ce n'est pas dans la langue.

Nous rendraient-ils au moins, comme ils le disent, ce qu'ils appellent l'orthographe historique ? Mais l'orthographe du douzième siècle, qui semble leur idéal et qu'ils s'ingénient à exhumer, était soumise à d'autres lois encore que celles de la prononciation. D'ailleurs la prononciation d'alors, on vient de le dire, n'était pas celle d'aujourd'hui. Et puis, leur projet fût-il réalisable, « il n'y a aucune raison pour que le haut moyen âge fasse la loi aux siècles qui ont suivi et qui mériteraient sans doute aussi d'être respectés en leur individualité. La langue est un bien héréditaire que chaque âge cultive, aménage, transforme, selon ses besoins et ses moyens. » En réalité, il y a une méthode historique pour étudier la langue dans ses origines, dans ses développements, dans ses variations, dans son dernier état ; mais il n'y a pas d'orthographe historique : c'est un mot vide de sens.

Une autre de leurs illusions, c'est de croire que leurs innovations répondent aux lois de l'esthétique. A les entendre, la poésie en particulier trouverait maint avantage au triomphe d'une écriture « claire et diaphane, qui laisserait transparaître la parole, d'une écriture sensible et vibrante, d'où les sonorités sembleraient s'envoler comme d'une table d'harmonie, en un mot d'une écriture alliant la douceur à la grâce, aimable à la fois pour l'œil et pour l'oreille[1]. » En regard de cette

---

[1] *Revue bleue* du 23 novembre 1889.

éblouissante vision, la vérité vraie est que le phonétisme est inconciliable avec tout langage rythmé et qu'il rend indéchiffrable l'œuvre de nos poètes. L'expérience n'en est plus à faire. Au fond de tout cela, j'inclinerais à penser, comme M. Bréal, que l'intérêt de la poésie est le moindre souci des phonétistes.

Mais là n'est pas la plus étrange, la plus injustifiable de leurs prétentions. Leur écriture, qu'ils proclament bien haut l'*orthographe rationnelle* par excellence, est la négation même de la raison, puisqu'elle se règle, non sur le sens, mais uniquement sur le son de la parole, puisque c'est l'oreille seule, abstraction faite de la pensée, qui détermine la suppression de tel signe ou l'adjonction de tel autre, puisque enfin l'expression d'une même idée se traduit sous une forme différente suivant les vicissitudes de la prononciation. M. Bréal pense que, par la force des choses, les phonétistes en viendront inévitablement à méconnaître cette loi fondamentale de la linguistique, à savoir *que le mot est l'unité irréductible de tout langage*, et il prévoit qu'un jour ou l'autre leur écriture ne sera plus qu'un amalgame, ou, comme il le dit, un conglomérat où se confondront au gré de l'oreille les éléments que l'esprit a toujours considérés comme distincts. On sait que l'événement a devancé ses prévisions.

Au spécimen qu'il a produit d'abord il ajoute d'autres citations, d'où il appert visiblement que l'écriture phonétique n'est pas plus rationnelle qu'elle n'est aimable[1]. Cette simple exhibition de pièces aurait pu, ce semble, le dispenser de toute argumentation. Ne regrettons pas cependant les développements qu'il a donnés à sa pensée, puisqu'ils aboutissent à ce verdict sévère et mérité, qui frappe dans le présent et dans l'avenir une doctrine

---

[1] Voyez page 111.

fausse et subversive : « Les phonétistes sont des barbares, qui, si on les écoutait, nous feraient perdre le bénéfice de vingt-cinq siècles de culture. »

M. Bréal est loin de se prononcer avec la même rigueur contre les néographes. Il admet que leurs critiques ne sont pas sans fondement et qu'il y a quelque chose de plausible dans leur plan de rénovation. Néanmoins il en fait très bien ressortir le vice et les dangers. Notre alphabet présente des lacunes, des surcharges, des ambiguités, cela n'est que trop vrai ; mais la multiplicité des corrections à faire serait une première cause d'embarras et de dissentiments : arrivât-on d'ailleurs à se concerter, les remèdes seraient assurément pires que le mal. En effet, les corrections portant sur plusieurs parties de l'alphabet, un assez grand nombre de mots seraient doublement ou triplement atteints, et par cela même très sensiblement défigurés. *Science, sciemment, certain, enceinte*, etc., se transformeraient en *sianse, siamant, sertin, ansinte:* en sorte que l'origine de ces mots, leur parenté, et par suite leur sens, disparaîtraient dans ces transformations, disons mieux, dans ces déformations. Les monosyllabes auraient particulièrement à souffrir de la rénovation alphabétique : on aurait une seule et même forme pour *ce* et *se, cerf* et *serf, cent, sent* et *sans, temps, tend* et *tant*, et pour une foule d'autres homophones d'une provenance et d'une signification tout à fait différentes. Ce serait travailler de gaîté de cœur à obscurcir une langue qui, comme les autres, a déjà ses équivoques, mais qui en général se pique de clarté.

On a dit à la vérité que cette refonte grammatologique ne devrait pas s'effectuer d'un seul coup, mais s'échelonner sur un assez long espace de temps. Ce palliatif ne change rien au fond des choses: le danger du sys-

7..

tème serait ajourné, non écarté ; les mots modifiés d'abord dans telle ou telle de leurs parties deviendraient tôt ou tard méconnaissables dans leur ensemble ; et nos arrière-neveux nous reprocheraient toujours avec raison de leur avoir légué un vocabulaire sans état-civil, une écriture sans généalogie.

Puis il en faut toujours revenir à l'objection toute pratique des auteurs de la *Grammaire générale* : « Quelques-uns se sont imaginé qu'ils pourraient corriger les imperfections de l'alphabet, comme a fait Ramus dans sa grammaire. Mais ils devaient considérer qu'outre que cela serait désavantageux aux langues vulgaires pour les raisons que nous avons dites (les raisons étymologiques), ils tentaient une chose impossible ; car il ne faut pas s'imaginer qu'il soit facile de faire changer à toute une nation tant de caractères auxquels elle est accoutumée depuis longtemps, puisque l'empereur Claude ne put même venir à bout d'en introduire un qu'il voulait mettre en usage. »

Sans trop s'appesantir sur ces considérations, M. Bréal estime que le plus grand tort des néographes modernes est de venir un peu tard ; suivant lui, leurs projets, du moins en partie, auraient pu aboutir il y a une centaine d'années, au temps de Voltaire et de Duclos. Cette conjecture est discutable. Si jamais il y a eu chance de succès pour le néographisme, c'est au seizième siècle, à l'époque où l'orthographe des écrivains était plus que jamais arbitraire et flottante. Or on sait quel sort ont eu les réformateurs d'alors. Ceux qui suivirent ne furent pas plus heureux. Corneille put, grâce à l'autorité de son nom, faire accepter du public, sinon de l'Académie, le dédoublement de l'*i* et du *j*, et celui de l'*u* et du *v* ; mais c'était là une distinction depuis longtemps reconnue comme nécessaire. Quant aux autres retouches qu'il proposait, si timides qu'elles fussent, elles ne reçurent pas un meilleur accueil que les changements radicaux réclamés par les purs grammatologistes de son temps[1]. Quelle raison de supposer, après cela, que les écrivains du dix-huitième siècle seraient arrivés sans obstacle à un remaniement graphique ? Voltaire a obtenu tout ce qu'il pouvait, et peut-être tout ce qu'il voulait obtenir, à savoir la substitution de suffixe *ai* à *oi*. Je ne crois pas beaucoup, pour ma part, au néographisme de Voltaire. Sans doute il a touché à cette question, comme à toutes celles qui s'agitaient chez les encyclopédistes ; mais il l'a fait par occurrence et par boutade, sans vues bien arrêtées et surtout sans la moindre prétention de faire école. Il suffit pour s'en convaincre de jeter un coup d'œil sur le manuscrit de sa correspondance. On y trouve çà et là, et quelquefois coup sur coup, les graphies les plus contradictoires : *philosofie* et *filosofie, téâtre* et *théâtre, châtau* et *château, catécumène* et *catéchumène, vous avés* et *vous pouvez, je rendray* et *je resterai, employé* et *citoien, érecsion* et *persécution.* En général, il semble éviter la réduplication des consonnes, *aporter, pardoner, nourir, afaire* ; ce qui ne l'empêche pas d'en user à l'occasion, *abbé, donner, attendre, embellir* ; il s'oublie même jusqu'à écrire contre toute raison : *souhaitter, traitter, hippotèse, hippotèque*[2]. Cette liberté, et, disons-le, cette insouciance ne sont guère le fait d'un écrivain qui songe à réformer notre système d'écriture. C'est qu'en effet Voltaire n'y songea jamais sérieusement : il avait d'autres préjugés à détruire que le préjugé orthogra-

---

[1] Corneille est compté par M. Bréal parmi les ancêtres de néographisme à cause des quelques innovations qu'il essaya d'introduire. Mais au fond il était étymologiste. Il écrivait *prétieuse, deus, unze, advis, aage, cholère, monstrer, cognoistre, asseurer, recepte ;* il reproduisait même les graphies erronées des érudits de la Renaissance : *doibvent, prebtre, sçavant, hault, honnore, contract, parmy,* etc. Voyez le *Lexique de Corneille* par Ch. Marty-Laveaux, page xc, et les fac-similés joints à son édition.

[2] J'emprunte ces exemples aux extraits mêmes que Didot cite avec l'intention de prouver que Voltaire était un simplificateur.

phique et d'autres tyrannies à combattre que celle du Dictionnaire. Quant à Duclos, il est bien vrai qu'il déclara ouvertement la guerre à l'écriture traditionnelle ; en lutteur résolu, il joignit l'exemple au précepte ; ni le talent ni le courage ne lui firent défaut ; il n'en succomba pas moins dans toutes ses attaques, malgré l'appui des *fames*. La partie n'était pas gagnable.

L'appareil graphique qu'il voulait rectifier, lui et ses tenants, était, comme on le répète à satiété, défectueux et surchargé en maint endroit ; mais enfin, tel qu'il était, il avait, plusieurs siècles durant, rempli son office sans nuire en rien au développement de la langue et au progrès de la littérature ; vouloir en changer l'économie, c'était s'exposer à tout perdre sans compensation appréciable. Ce que M. Bréal dit aux néographes d'aujourd'hui vise tout aussi justement leurs devanciers d'il y a cent ans : « Quand un peuple a produit une littérature, quand il a donné des œuvres classiques et fourni sa part au patrimoine intellectuel de l'humanité, il est jusqu'à un certain point enchaîné par son passé : la solidarité s'impose aux générations nouvelles. Elles ont des obligations spéciales : gêne ou soutien, il faut qu'elles en prennent leur parti et qu'elles y fassent honneur. » Cette raison-là est péremptoire et ne souffre pas de réplique. Toutefois (et j'insiste sur ce point plus que ne l'a fait M. Bréal), le plus grand tort des néographes, tant anciens que modernes, et la principale cause de leur insuccès, c'est qu'ils altèrent le vocabulaire dans ses éléments essentiels, et qu'en enlevant aux mots leurs marques d'origine, ils suppriment leur vie et leur histoire.

Ici je hasarderai une observation. Si, en fin de compte, M. Bréal condamne formellement le néographisme, c'est, on a pu le voir, avec force circonstances atténuantes. Après s'être montré justement impitoyable pour les phonétistes, on sent qu'il éprouve quelque sympathie pour les idées des néographes et une certaine indulgence pour leurs erreurs. Cette disposition d'esprit s'explique quand on songe aux personnages considérables qui se sont de près ou de loin associés à leurs tentatives. Cependant, à bien considérer les choses, ceux que M. Bréal tient à appeler du nom spécial de néographes sont en réalité des phonétistes, ou, pour ne rien exagérer, des hémi-phonétistes. Si pour eux la prononciation n'est pas la règle souveraine et absolue de l'écriture, du moins elle a dans leur programme un rôle prépondérant, excessif, et, comme je l'ai montré, gros de périls. Quand on considère jusqu'où les entraîne leur parti-pris de simplification, il devient difficile de dire où finit le néographisme et où le phonétisme commence. En veut-on la preuve? Darmesteter est regardé par M. Bréal comme un simple servant de la néographie, et il est revendiqué par M. L. Havet comme un des chefs de l'école phonétique. Pour moi, je pense que M. L. Havet a raison. Qu'on rapproche des principes circonspects et mesurés de Darmesteter les conséquences extrêmes qu'il en a tirées, et l'on s'apercevra bien vite que, sans le vouloir et peut-être sans s'en douter, il marchait droit aux écueils qu'il avait été le premier à signaler et contre lesquels il exhortait tout réformateur à se mettre en garde. Mais c'est là une impression toute personnelle, et je m'y attache d'autant moins que, si elle contrarie les sentiments de M. Bréal, elle ne modifie en rien son jugement définitif.

Restent les modérés, « ces amis de l'orthographe française qui, sans désirer pour elle une refonte totale, s'étonnent de ses fantaisies et lui voudraient un peu plus de conséquence et de logique. » M. Bréal, qui les définit ainsi, n'hésite pas à déclarer que leurs griefs, comme leurs désirs, sont légitimes et méritent d'être pris en très sérieuse considération. Seulement il distingue. Parmi les propositions de réforme, il admet sans conteste celles qui tendent à régulariser la grammaire : par exemple, la substitution de l's à l'x dans les pluriels *chevaux, cailloux, cieux;* la suppression du tiret dans les mots composés là où la soudure s'impose ; l'unification des règles du participe passé, etc. Mais il voit moins d'urgence, et il semble même qu'il n'en voit pas du tout, pour la plupart des changements qui touchent au vocabulaire proprement dit. C'est en cela que ses conclusions me paraissent trop étroites, et aussi quelque peu illogiques. Il convient, à la vérité, qu'il y aurait lieu de corriger certaines fautes étymologiques bien et dûment constatées : *poids* pour *pois, forcené* pour *forsené, vermisseau* pour *vermiceau, morceau* pour *morseau, dissous, absous,* pour *dissout absout.* Quant aux autres amendements lexicographiques, il les néglige ou les ajourne. Et cependant ils offrent les mêmes avantages que les simplifications grammaticales qu'il approuve et qu'il conseille : outre qu'ils peuvent épargner bien du temps et bien de la peine aux enfants de nos écoles et aux nouveaux Français de nos colonies, ils apportent des qualités de concordance et de symétrie que la langue littéraire ne doit pas dédaigner. Car il ne s'agit pas, comme on le dit, de procéder au hasard et par corrections isolées, de réviser les mots un à un pour leur ajouter ou leur retrancher quelques lettres; au contraire, les changements projetés n'ont pour objet qu'une réglementation méthodique et des améliorations d'ensemble. Mais ce n'est pas ici le lieu de reprendre par le menu une discussion qui a trouvé son développement ailleurs. Tout ce qu'il faut retenir quant à présent, c'est que les modifications du programme modéré, en supposant qu'elles ne soient pas toutes également opportunes, sont toutes également possibles, parce qu'elles sont motivées et qu'elles sauvegardent les caractères essentiels de la langue écrite.

Cela établi, comment ces modifications se feront-elles? C'est là le côté le plus délicat et, selon moi, le plus important de la discussion. Seront-elles imposées par le public à l'Académie ou par l'Académie au public? Est-ce une tierce autorité qui les imposera au public et à l'Académie? Voici à cet égard le sentiment de M. Bréal : « Je demanderais aux réformateurs de vouloir bien montrer un commencement d'initiative. Pourquoi ne feraient-ils pas par eux-mêmes l'application et la preuve de leurs idées en pratiquant dès à présent ce qu'ils conseillent? De cette façon, l'opinion se familiariserait avec l'idée d'un changement..... » Pareille motion avait été faite déjà par quelques publicistes mêlés à la querelle orthographique et même par des docteurs en pédagogie. « Les partisans de la réforme, disait l'un d'eux, sont des écrivains de profession : qu'ils écrivent leurs livres avec l'orthographe qu'ils préconisent. Le public verra : si l'exemple est bon, il trouvera des imitateurs, et la réforme ira son train par la seule vertu de l'évidence. » Le public verra, dites-vous : en d'autres termes, c'est la théorie du referendum appliquée à l'orthographe. Quant à l'Académie, arbitre muette, elle se tiendra patiemment dans l'expectative : *patiens quia immortalis.*

Ce moyen, pour ne pas dire cet expédient, est peu pratique, avouons-le ; et, si la sincérité de ceux qui le proposent n'était à l'abri de tout soupçon, je dirais que leur proposition n'est guère autre chose qu'une fin de non-recevoir. Les objections se présentent d'elles-mêmes. Pour qu'un résultat quelconque fût obtenu dans de pareilles conditions, il faudrait entre les écrivains réformistes un accord parfait sur la nature et le nombre des réformes à faire ; or un accord même approximatif est un leurre. *Un congrès, deux congrès, dix congrès,* comme dit la chanson, n'y feraient rien. L'échec de Duclos et de ses alliés le prouve surabondamment. Et puis, nous ne sommes plus au temps où, la masse des Français étant illettrée, une minorité d'hommes instruits pouvait imposer à tous l'orthographe de son choix. « Aujourd'hui la majorité des Français sait lire et écrire, et la moindre réforme orthographique suppose le consentement presque unanime du suffrage universel[1]. » Voilà qui est bien dit; mais il faut aller jusqu'au bout. Ce consentement unanime ne peut pas se manifester de lui-même. Le suffrage universel, ou, pour parler plus simplement, le sentiment public n'a pas les moyens de se prononcer sur les cas particuliers que présente une matière nécessairement complexe. Tout ce qu'il peut faire, c'est de réclamer par un vœu général que l'orthographe soit régularisée ou simplifiée conformément à ses principes constitutifs, sans bouleversement ni dislocation. Cela étant, à qui déléguera-t-il le soin de réaliser son vœu, sinon à l'assemblée qui a été instituée dépositaire et gardienne des traditions de la langue, à l'Académie française? Je sais bien qu'on a parlé d'un autre recours. On s'est demandé pourquoi le ministre de l'instruction publique ne confierait pas à une commission spéciale l'étude des réformes orthographiques. A mon avis, ce serait aller au-devant d'un échec. Si éclairée, si zélée qu'on la suppose, cette commission n'aurait pas le crédit nécessaire pour agir sur l'opinion; une révision de vocabulaire et de la grammaire ne se décrète pas par circulaire ministérielle comme un changement d'uniforme ou une mutation de personnel. Suivant d'autres, la tâche reviendrait tout naturellement à l'Académie des inscriptions et belles-lettres. Oui, sans doute, bien qu'une fraction des savants qui la composent incline

[1] Phrase extraite du *Temps* et reproduite par la *Revue pédagogique.*

trop sensiblement du côté où l'entraîne la spécialité de ses études, c'est-à-dire vers l'orthographe du moyen âge. Mais enfin, si les collègues de M. Bréal ont la compétence, ils n'ont pas la souveraineté : leur travail ne serait après tout qu'un projet soumis à ratification, et il en faudrait toujours revenir à la juridiction de l'assemblée qui est en possession de rédiger le Dictionnaire et qui en a toute la responsabilité.

Cette juridiction, le public l'accepte d'autant plus volontiers qu'elle émane de son consentement et qu'après tout il conserve un pouvoir absolu sur le fond même de la langue. C'est lui qui en règle à son gré la marche et les évolutions, qui transforme ou étend, rajeunit ou oblitère la valeur des mots existants, qui en crée de nouveaux pour répondre à de nouveaux besoins. Là son droit est imprescriptible et souverain : il ne subit que la loi des écrivains de génie, et le plus souvent il leur impose la sienne. Il est avec eux « le grand nomenclateur », et c'est justice ; car il a le sentiment des sons justes et des images vraies, comme il a aussi l'instinct des constructions pittoresques et des tours originaux. Mais, comme le remarque Duclos, si le peuple en corps est le maître de la langue parlée, il n'est pas le maître de la langue écrite ; et il comprend très bien pourquoi il ne peut pas l'être. On l'a dit avec raison, « l'unité d'orthographe est aujourd'hui une nécessité absolue, parce que c'est l'achèvement de l'unité de la langue, qui elle-même est, chez nous, un des signes les plus visibles de l'unité nationale. » Or cette unité d'orthographe ne peut résulter que d'une réglementation uniforme, indépendante des caprices individuels, et des systèmes particuliers, et cette réglementation ne peut être établie que par une autorité officielle qui s'impose à tous et que tous reconnaissent.

Mais, dit-on, demander à l'Académie qu'elle règlemente la langue écrite de son propre mouvement et de propos délibéré, c'est se méprendre sur ses attributions, c'est l'investir d'un mandat qu'elle s'est toujours défendue d'exercer. Elle ne légifère pas, elle verbalise. Et on le prouve. Lorsque, en 1740, elle supprima les consonnes muettes dans *advocat, aspre, eschole*; lorsque, en 1762, elle remplaça l'*y* par l'*i* dans *roy, celuy, essay*; lorsque, en 1835, elle se décida à imprimer *français, venait*, au lieu de *françois, venoit*, elle ne faisait que consacrer des pratiques reçues; elle ne précédait pas l'usage, elle le suivait. D'accord ; mais il serait également aisé de montrer qu'entre-temps elle faisait acte d'initiative et d'autorité. Si le plus souvent elle s'est bornée au rôle passif d'un greffier enregistrant les décisions prises en dehors d'elle, elle a su à l'occasion remplir les fonctions d'un juge rendant proprio motu des arrêts exécutoires. Je ne citerai que des exemples relativement récents et empruntés à des faits du même ordre. Dans l'édition de 1835, je vois qu'elle a remplacé les formes *secrette* et *discrette* par *secrète* et *discrète, fidelle* et *modelle* par *fidèle* et *modèle*; que dans celle de 1878, elle a uniformisé les graphies *consonance, assonance* et *dissonance, emmailloter* et *démailloter, ficelier* et *tonnelier, bourrellerie* et *chapellerie, squameux* et *desquamation, dysenterie* et *dysurie*, soit en retranchant, soit en ajoutant une des consonnes jumelles. Dira-t-on qu'en pareil cas elle cédait à la pression de l'opinion publique ou à l'ascendant de quelques grands écrivains ? Ou bien encore se proposait-elle, comme le pense M. Bréal, de trancher un différend entre deux usages contraires ? Pas le moins du monde. En contrôlant son œuvre, elle se mettait d'accord avec elle-même, et pour cela ne prenait conseil que d'elle-même : voilà tout.

Eh bien, que lui demande-t-on aujourd'hui entre

autres choses et avant toute autre chose? De poursuivre et de parachever ce travail d'uniformisation, et d'écrire *tutèle* comme *clientèle*, *abatoir* comme *abatis*, *dénomé* comme *inomé*, *greloter* comme *dorloter*, *charette* comme *chariot*, *toner* comme *détoner*, etc.[1]. En quoi ces rectifications porteraient-elles atteinte aux lois fondamentales de l'écriture française? Comment nuiraient-elles à l'intelligence et à la propagation de nos chefs-d'œuvre littéraires? M. Bréal, qui supporte avec peine les paralogismes de la grammaire, n'est qu'à demi choqué des dissonances du lexique; il en prend volontiers son parti comme d'accidents inévitables, et ne juge pas qu'il soit urgent d'y porter remède. « En fait de langage, remarque-t-il, il est une loi qui prime et domine toutes les autres : la nécessité d'être clair et le devoir d'être compris. Plutôt une inconséquence qu'une obscurité. » L'observation est excellente en bien des cas ; mais ici je me demande ce que la clarté gagne à l'inconséquence. Avouons-le, il n'y a aucun intérêt à laisser subsister des anomalies et des bigarrures qui déroutent les yeux et l'esprit, et déconcertent les Français non moins que les étrangers[2].

Je l'ai déjà dit, les progressistes modérés désirent d'autres améliorations, tout aussi légitimes, tout aussi logiques, tout aussi praticables : ainsi la distinction des suffixes *ant* et *ent*, la règlementation des consonnes

[1] Voyez à la page 58, un aperçu de ces desiderata.

[2] On répète à tout propos que nos instituteurs dépensent beaucoup trop d'heures et d'efforts à faire étudier les raffinements et les fantaisies de la langue écrite. Mais c'est une raison de plus pour atténuer les uns et proscrire les autres dans la mesure du possible. Si l'on en vient là, M. Bréal ne se plaindra plus de l'évaluation prépondérante et éliminatoire qu'on donne à l'épreuve de l'orthographe dans les examens et les concours. En attendant, et là est le mal, on s'autorise de son opinion pour pousser les choses à l'extrême. Un inspecteur général de l'enseignement primaire, d'ordinaire mieux inspiré ou mieux renseigné, propose la suppression pure et simple de la dictée comme élément d'appréciation au certificat d'études et au brevet de capacité. Une pareille mesure serait souverainement antipédagogique. Supprimer la dictée aux examens, ce serait la discréditer à courte échéance et finalement la sacrifier dans les exercices de l'école. Or, telle qu'elle est comprise et mise en œuvre par les bons maîtres, elle constitue un excellent procédé de culture intellectuelle : outre qu'elle

redoublées dans les radicaux, la francisation des termes
étrangers, etc ; mais, puisque le mieux, de l'avis général,
est d'avancer par étapes successives, ces améliorations
peuvent attendre : elles viendront en leur temps,
comme l'effet vient après la cause, l'accessoire après le
principal. Et je le répète avec une ferme conviction, elles
viendront du fait même de l'Académie. Cela est inévitable dans la disposition actuelle des esprits. En dépit
des précédents qu'on invoque, aujourd'hui c'est vers
l'Académie que tous se tournent, les révisionistes les plus
difficiles comme les plus accommodants ; dans le conflit
des opinions, c'est d'elle seule que le public attend les
décisions qui doivent faire loi et auxquelles il est tout
prêt à se soumettre. Elle est législatrice, et législatrice
reconnue, législatrice obéie. Gouverner la langue écrite
en vue de l'utilité générale, c'est pour elle un devoir,
et ce devoir devient un droit. C'est donc à elle qu'appartient la direction du mouvement.

M. Bréal est persuadé au contraire ; et c'est sans
doute ce qui explique ses scrupules et ses restrictions
sur le quantum des réformes à opérer. Mais, d'où qu'elles
viennent, ces restrictions sont fâcheuses, en elles-mêmes
d'abord, et surtout à cause des effets qu'elles entraînent.
Il n'est pas de ceux dont le sentiment en certaines
matières puisse sans inconvénient aller au delà ou
rester en deçà de la juste mesure. Le moindre faux pas
de sa part peut être pour d'autres l'occasion d'achop-

familiarise peu à peu les élèves avec le vocabulaire et la grammaire, elle leur fournit
à tout moment l'occasion de développer leur attention, leur mémoire, leur goût, leur
jugement. Gardons-nous d'affaiblir cette pratique essentiellement éducative : forti-
fions-la au contraire par tous les moyens. Si l'on veut qu'elle donne et prouve mieux
encore, qu'on la complète par un questionnaire sur la signification des mots, le tour
des phrases, l'enchaînement des idées ; on enlèvera ainsi tout prétexte à ceux qui la
dénoncent comme une besogne machinale et routinière ; car elle deviendra la répétition
écrite, c'est-à-dire réfléchie et vraiment significative, d'un exercice dont tout le monde,
s'accorde à reconnaître l'excellence, la lecture expliquée. Dans ces conditions nouvelles
la dictée faite aux examens sera plus que jamais la sanction de connaissances sérieusement acquises, et en même temps le critérium le plus sûr pour classer les candidats suivant leurs facultés et leurs aptitudes.

pements véritables. C'est ce qui arrive actuellement. Il avait à peine formulé son ultimatum sur la révision de notre orthographe qu'on voyait paraître ou plutôt reparaître un manifeste ultra-réactionnaire, pouvant servir de pendant au « catéchisme » ultra-radical des philologues à système[1].

En effet, dans cette controverse sur l'orthographe française, il y a autre chose que les trois groupes mis en scène par M. Bréal. Pour achever sa comparaison, on y trouve une extrême gauche (les phonétistes); une gauche radicale (les néographes); un centre constitutionnel (les progressistes modérés); un centre droit, le parti des doctrinaires, semi-libéral, semi-conservateur; enfin une droite ou plutôt une extrême droite, ennemie de tout mouvement et de tout changement, non moins exclusive, non moins intransigeante que le groupe des révolutionnaires. La contre-pétition que ces partisans de la « résistance absolue » adressent à l'Académie — car, par une inconséquence singulière on s'adresse à un tribunal dont on récuse la compétence — cette contre-pétition témoigne une fois de plus que la conservation à outrance n'est pas chose meilleure que la mobilité sans arrêt et la liberté sans frein[2]. Suivant eux, les Quarante n'ont qu'une réponse à faire aux réclamants, quels qu'ils soient : *Je maintiendrai*; et leur ligne de conduite leur est tracée d'avance par la devise stoïcienne : *Contine et abstine*. Mais, si par impossible l'Académie prenait au sérieux cette maxime rogue et stérile, si elle en étendait l'observance à ses autres obligations, la première des

---

[1] Bien entendu, cette expression d'ultra-radical ne s'applique pas à la pétition lancée par M. L. Havet, laquelle est aussi sage dans ses motifs que circonscrite dans son objet, mais aux divers écrits où il affirme ses tendances au pur phonétisme et sa solidarité avec les catéchumènes de Lausanne. Entre le libellé de la pétition, qui n'est, dit-on, qu'une tactique et une manœuvre d'avant-garde, et le programme d'une révolution phonétique, qui paraît être son objectif réel, il y a un abîme. C'est ce programme que nous combattons.

[2] M. Léon Guillard, signataire et peut-être auteur du manifeste dont il s'agit, reproduit en les approuvant quelques-unes des idées que j'ai émises dans ma bro-

cinq sections de l'Institut arriverait sous peu (qu'on me passe le mot) à l'état légendaire de cinquième roue à un carrosse. Joli conseil ! Flatteuse perspective !

Certains esprits, ou badins ou moroses, ne sont que trop portés à lui reprocher son immobilité et son indifférence. Naguère un spirituel, trop spirituel écrivain, courriériste à ses heures, lui déniait toute préoccupation et toute influence littéraire, et la représentait comme « un corps de parade, un solennel bureau de bienfaisance. » Il sacrifiait la vérité à un bon mot ; car il savait mieux que personne que la prospérité des lettres françaises est ce qui lui tient le plus au cœur, et qu'elle prise les bons livres à l'égal des bonnes actions. En ce qui touche la révision graphique du Dictionnaire, il lui suppose la même insouciance, la même impassibilité : il déclare qu'*elle n'a rien à voir là-dedans*, et pour un peu il conclurait, lui aussi, qu'*elle doit maintenir et s'abstenir*.

Eh bien non, l'Académie ne doit pas maintenir et s'abstenir, et elle ne le voudra pas. L'abstention, comme le doute, est un oreiller commode, mais qui n'est pas fait pour une assemblée chargée de *veiller* aux destinées de l'idiome national. Elle acceptera, avec toutes ses charges, l'héritage de ses fondateurs, qui s'intitulaient, non sans quelque fierté, les ouvriers du langage.

Qu'elle reste sourde ou réponde par le silence à l'appel des utopistes qui aspirent à révolutionner, à dénationaliser notre écriture, rien de mieux ; mais c'est un devoir pour elle d'accueillir et d'examiner les remon-

chure. Cette approbation est flatteuse pour moi ; je dois lui rappeler cependant que j'ai souscrit à la pétition (à la pétition seulement) de M. L. Havet, et que par conséquent j'approuve une partie des réformes que la contre-pétition repousse en bloc. A mon tour, je rends hommage à certaines considérations élevées et sages de M. L. Guillard ; mais il m'est impossible de ne pas protester contre l'intolérance et l'exclusivisme qui sont le fond et la fin de sa supplique. J'en dirai presque autant des articles publiés récemment dans une revue de la Compagnie de Jésus par P. V. Delaporte. Il traite la question avec savoir ; mais il la résout avec une singulière étroitesse de vues, et d'une façon à peu près négative. On ne l'accusera pas de témérité comme ses aînés, les RR. PP. Monet, Chifflet et Buffier.

trances respectueuses qui ne tendent qu'à consolider un principe et à assurer un progrès.

Lui rappeler cette partie de sa tâche, y intéresser l'opinion publique, c'est aux yeux de certains dilettantes littéraires grossir à plaisir une question micrologique, c'est attirer sur des *vétilles* une attention qu'elles ne méritent pas. Tel n'est pas l'avis de M. Bréal.

Cette question, dit-il, il faut l'envisager sans en surfaire ni en diminuer la portée. Le dédain serait injuste : un débat auquel se sont mêlés de leur personne Ronsard, Corneille, Bossuet, Voltaire, n'est au-dessous de l'atttention de qui que ce soit. L'orthographe française, c'est aussi une parcelle de la France, et, quand les mots de notre langue se répandent dans le monde, le vêtement sous lequel ils se présentent n'est pas absolument indifférent. Ce qui n'a pas moins d'importance à nos yeux, c'est que ces vétilles forment l'occupation et trop souvent le tourment de la jeunesse ; s'il est possible d'alléger quelque peu ce fardeau, nous n'aurons pas perdu notre temps.

Je m'arrêterai sur ces paroles. Elles sont pour M. Bréal un engagement de rentrer dans la discussion, quand le moment sera venu. Je le souhaite de tout mon cœur, persuadé qu'il n'a pas dit son dernier mot sur les quelques points qui nous divisent. S'il veut bien y porter un peu de son attention, j'ai la confiance qu'il fera un accueil plus libéral à la requête des « vrais amis de l'orthographe française », et qu'il reconnaîtra à l'Académie une initiative réelle et un pouvoir effectif. Il veut bien me compter au nombre des esprits réservés et sages qui distinguent entre le progrès et le bouleversement, et qui luttent pour la réforme contre la révolution. Je l'en remercie pour eux et pour moi, et c'est en leur nom que je lui demande de faire encore quelques pas en avant.

Ainsi s'opèrera le mouvement, qu'on dit impossible ailleurs, de la conjonction des centres ; ainsi se résoudra peut-être, à la satisfaction du plus grand nombre, le problème trop longuement et trop bruyamment agité de la réforme orthographique.

Mai 1890.

TABLE